뉴턴과 마르크스

뉴턴과 마르크스

초판 1쇄 발행 2024년 2월 5일

지은이 도이 히데오
옮긴이 이득재
펴낸이 강수걸
편집 이선화 강나래 오해은 이소영 이혜정
디자인 권문경 조은비
펴낸곳 산지니
등록 2005년 2월 7일 제333-3370000251002005000001호
주소 부산시 해운대구 수영강변대로 140 BCC 626호
전화 051-504-7070 | **팩스** 051-507-7543
홈페이지 www.sanzinibook.com
전자우편 sanzini@sanzinibook.com
블로그 sanzinibook.tistory.com

ISBN 979-11-6861-235-8 03320

＊ 책값은 뒤표지에 있습니다.
＊ 잘못된 책은 구입하신 곳에서 교환해드립니다.

뉴턴과 마르크스

문과 이과의 융합을 위한 제언

도이 히데오 지음 * 이득재 옮김

산지니

일러두기

본문의 각주는 모두 옮긴이의 주이다.

서문

기계치와 어학 혐오증

느닷없이 고백하자면 나는 대단한 기계치다. 새로운 기계를 만나면 두려움이 앞선다. 이 감각은 하드웨어든 소프트웨어든 변하지 않는다. 새로운 소프트웨어나 낡은 소프트웨어나, 사용한 적이 없는 기능을 처음 움직여볼 때면 두렵기 짝이 없다. 그래도 필요해서 청수淸水의 무대*에서 뛰어내릴 생각으로 새로운 기계나 새로운 소프트웨어에 도전하고 몇 번이나 패닉에 사로잡히면서 한두 가지 기능을 필사적으로 반복하다 보면 뭔가 사용할 수 있게 되는 것이 나와 기계의 관계다. 괴로워하면서도 상냥한 낯을 잃지 않는 정보처리 담당 직원들, 주위에 있는 컴퓨터를 좋아하는 사람들 덕택에 가까스로 적응했지만 내가 이 IT사회의 '가장자리'에 서 있

---

* 교토에 있는 청수사 사원의 본당은 '청수淸水의 무대'로 유명하다. 과감한 결단을 내리는 것을 두고 '청수의 무대에서 뛰어내리다'라고 표현한다.

다는 것은 변하지 않는다. 이러한 인간은 고도의 기계를 구사하여 실험에 힘쓰는 이과 연구자여서는 안 되는 것이 당연하다.

그 때문에 나는 문과에 진학해 괴로워하면서도 경제학 연구자의 끄트머리에 겨우 앉을 수 있었다. 하지만 내게는 문과 대학생이 될 자격도 없다. 나는 문과 학자에게 있어서는 안 되는 어학 혐오증이 있다. 자세한 이야기는 본문에서 하겠지만 나는 중학교 2학년 여름부터 일본어 장문을 일체 읽지 못했다. 그리고 이 장문을 읽지 못하는 결함은 당연히 영어에도 해당되었다. 마침 그때 외워야 하는 필수 영단어의 수가 급증하고 수업에서 사용하는 문장도 길어졌다. 읽을 수 없는 영문과 함께 늘어나는 영단어는 괴로울 뿐이었다. 여기서 결정적으로 영어가 싫어졌다. 그 후 서서히 일본어 장문은 읽을 수 있게 되었지만 이 영어 혐오, 어학 혐오를 교정하는 일은 나의 게으름 탓에 할 수 없었다. 이리하여 나는 일류 인문사회계 연구자가 구비해야 할 어학 실력도 갖추지 못하게 되었다.

나 같은 인간이 '문과 이과의 융합을 위한 제언'이라는 부제가 붙은 저서를 집필한다니 실소할 수밖에 없는 일이지만 어쩔 도리가 없다. 그럼에도 불구하고 나는 문리융합文理融合에 대하여 말할 수 있고 말하지 않으면 안 된다고 생각한다. 학문상의 문과, 이과의 구별과 시험기술상의 문과, 이과

구별은 다르다. 그리고 나는 후자에 대하여 특이한 경험을
했기 때문이다.

10대에 '전형적' 문과와 '전형적' 이과를 번갈아 경험하다

앞의 소제목에서 '전형적'이라는 말에 작은따옴표를 붙
인 것은 둘의 구분이 학문상의 전형이 아니라 시험기술상의
전형에 지나지 않는다는 것을 보여주고 싶었기 때문이다. 나
같은 기계치는 이과 학문을 배우기는 힘들지만 시험기술상
의 이과 인간이 되는 것은 가능하다. 왜냐하면 이학계·공학
계의 입시에서도, 의학계·약학계의 입시에서도 오로지 필
기시험뿐, 실기시험을 치르는 경우는 드물기 때문이다. 고도
의 기계나 장치를 사용한 실험, 관측은 입학한 후에 대학 연
구실에서 하는 것이고, 시험에는 주로 수학이나 물리에 대한
이해력과 계산능력이 나온다. 입시에서는 기계를 움직일 필
요가 없다.

다른 한편 나는 중학교 2학년 봄까지 '전형적' 문과 인간
이었기에 어학을 싫어하지 않았다. 영어도 그럭저럭 재미있
다고 생각했고 옛글도 좋아했다. 모든 것은 중학교 2학년 때
변했다. 일반론이지만 어학실력은 시험기술상의 '전형적' 문
과 인간의 특징이어서는 안 된다고 생각한다. 대학입시까지

는 어학 특히 영어는 문과, 이과를 불문하고 모두에게 중요하기 때문이다.

시험기술상의 '전형적' 문과인이라면 구체적으로 국어나 사회 특히 역사는 좋아하지만 수학이나 이과, 특히 물리를 싫어하고 수식을 보기만 해도 머리가 아픈 타입을 일컫는다. 다른 한편 시험기술상의 '전형적' 이과인이란 그것과는 정반대로 수학이나 물리는 좋아하는데 국어나 사회, 특히 역사를 싫어하고 역사 시험 등은 인명이나 연호를 통째로 외워서 극복해 나갈 뿐, 고통 외에는 아무것도 얻지 못하는 타입이다.

제1장에서 자세하게 이야기할 테지만 나는 10대에 이 양쪽 타입을 모두 경험했다. 말할 필요도 없이 양자는 상극이지만 중학교 2학년 봄까지 '전형적' 문과였던 인간이 그해 여름부터 영혼이 바뀐 것처럼 '전형적' 이과 인간으로 변한 것이다. 가장 싫어하는 과목이었던 물리가 가장 좋아하는 과목이 된 것은 즐거운 일이었지만 그 역으로 가장 좋아하는 과목이었던 역사가 가장 싫어하는 과목이 되어 버린 것은 납득할 수 없었다. 이후 다시 한번 역사가 좋아지길 바라면서 문과에 진학한 것이다. 나의 특이한 경험이란 그런 일련의 경위를 말하는 것이다.

이 책을 통해 전하고 싶은 것

잘 생각해 보면 일반 사람은 시험상의 문과, 이과와 학문상의 문과, 이과를 엄격히 구별하지 않는다. 그것은 기계치임에도 이과에 진학하는 학생이나 나같이 장문을 읽을 수 없음에도 문과에 진학하는 학생이 극히 드물기 때문이다. 거의 모든 학생은 별다른 저항도 없이 시험기술상의 문과, 이과로부터 학문상의 문과, 이과로 이행한다고 생각한다. 나는 서로 용인되지 않는 '전형적' 문과 인간과 '전형적' 이과 인간을 번갈아 가며 경험한 10대로부터 출발하여 조금씩 양자의 간극을 메워 오늘날에 이르렀다. 장문의 소설도 역사도 편향은 있지만 저항 없이 읽을 수 있게 되었다. 또한 그 간극을 메우는 과정에서 수학이나 물리에 대한 이해도 크게 변했다. 이러한 변화 과정은 문과와 이과의 둑 사이에서 괴로워하는 많은 사람들에게 참고가 되지 않을까. 내가 이 책을 통해 전하고 싶었던 것은, 이렇게 있는 그대로의 과정이다.

되돌아보면 내가 문과와 이과 사이의 둑을 메워 갈 때 서로 완전히 꽉 맞잡고 싸운 위인이 두 명 있다. 바로 뉴턴과 마르크스다. 뉴턴은 '전형적'인 문과형 중학생이었던 나에게 수학과 물리학의 재미를 가르쳐 주었다. 그리고 마르크는 '전형적'인 이과 인간이 되어 버린 고등학교부터 대학까지의 나에게 과학으로서의 역사학의 가능성을 가르쳐 주었다. 이

책의 제목을 『뉴턴과 마르크스-문과 이과의 융합을 위한 제언(ニュートンとマルクス - 文理融合をめざして)』으로 한 것은 그 때문이다.

이 책이 문과에 진학할 것인가 이과에 진학할 것인가를 두고 고민하는 고교생, 문과에 진학하지만 평생 과학치科學癡로 살기에는 불안하다고 생각하는 대학생이나 사회인, 혹은 그 반대로 이과에 진학하지만 역사나 문학 지식에 대하여 콤플렉스에서 빠져나오기 어려운 대학생이나 엔지니어, 그리고 무엇보다 문리융합에 대하여 진정으로 고민하는 사람들에게 조금이나마 어떤 힌트를 줄 수 있다면 이 이상의 기쁨은 없겠다.

차례

서문   5

1장 '전형적' 문과에서 '전형적' 이과로 - 뉴턴과의 만남

1 '전형적' 문과 인간   17

2 기계치와 수학   24

3 '전형적' 이과 인간으로의 전환   29

4 시에 대한 경도와 문과로의 재전환   35

2장 경제학부 진학과 『자본론』 - 마르크스와의 조우

1 '전형적' 이과 인간인 채로 문과 학부 입학   45

2 경제학부 진학과 마르크스 경제학에 대한 관심의 맹아   50

3 뉴턴 역학을 이해하지 못했던 마르크스   57

3장 마르크스의 '국가'관, '과학'관과의 격투

1 『자본론』의 국가관으로는 대응할 수 없는 현실   71

2 계급대립의 '결과'인 고전적 국가로부터   76

   계급대립의 '원인'인 현대국가로

3 마르크스의 '과학'관과 자연과학의 정합성   82

4 역사적 법칙의 우선순위   89

4장 우노 공황론과 대학원 진학

1 우노 고조 『경제원론』의 충격   95
2 받아들이기 어려웠던 '논리'와 '역사'의 분석   101
3 우노 공황론의 공과   107
4 공황론을 연구하기 위해 대학원 진학 결심   116

5장 역사에 대한 관심의 부활과 경제사의 벽

1 일본 자본주의 논쟁에 대한 관심의 맹아   121
2 전후까지 이어지는 일본사회의 특수성과 강좌파   126
3 전근대사회에 대한 관심의 부활   131
4 경제사의 벽   140

6장 다케타니 미츠오의 3단계론

1 다케타니의 '실체론'과 모델론   147
2 다케타니의 '실체'와 소립자   154
3 다케타니의 '실체'와 『자본론』의 가치 실체   163
4 이론사적 연구로 취직   168

7장 기술의 본질 규정과 문리융합

1 체계설의 빛줄기   173

2 딱딱한 체계설과 유연한 적용설   182

3 정보혁명과 기술론   187

4 '제2자연의 운동'으로서의 기술   191

8장 문과로부터의 문리융합과 이과로부터의 문리융합

1 마르크스 이론의 발전에 의한 문리융합   199

2 이과로부터 문리융합의 시도   206

3 자본축적론에 2차 미분 도입   214

4 빈곤화 법칙과 중간층 문제   220

저자 후기   225

역자 후기   227

1장

'전형적' 문과에서
'전형적' 이과로

뉴턴과의 만남

1 | '전형적' 문과 인간

'할아버지의 손'과 '판도라 상자'

서문에서 창피한 얘기를 꺼낸 것을 덮으려고 하는 바는 아니지만, 여기서 내 자랑을 조금 하고 싶다.

내가 다녔던 중학교에서는 매년 봄에 글쓰기 경시대회를 실시했다. 아침에 등교하면 갑자기 '오늘 한 시 예정이었던 글쓰기 경시대회 일정을 변경하겠습니다'는 방송이 울린다. 곧 바로 원고지가 배부되고 칠판에 공통주제가 제시된다. 그 주제에 대해 무엇이라도 좋으니 한 시간 안에 글을 쓰라는 것이다. 중고등 전 학년이 대상이었기 때문에 참가자는 천 명을 넘었을 것이다. 그 가운데에서 한두 작품이 우수작으로 선정되고 선정된 학생은 단상에서 교장으로부터 표창장을 받게 되어 있었다. 나는 중학교 1학년 때와 2학년 때 두 번이나 그 표창장을 받았다.

아쉽게도 원문은 분실했고 자세한 내용도 기억나지 않지

만 제목은 기억하고 있다. 중학교 1학년 경시대회 공통주제
는 '손'이었고 내가 쓴 글의 제목은 「할아버지의 손」이었다.
버스 손잡이를 잡고 있는 노인의 주름 깊은 손에서 그의 인
생을 상상하니 노고를 위로하고 싶어졌다는 이야기를 쓴 것
같다. 또한 중학교 2학년 때의 경시대회 공통주제는 '희망'으
로, 내가 쓴 글의 제목은 「판도라의 상자」였다. 판도라는 그
리스 신화에 처음 등장하는 지상의 여성이다. 신화에 따르면
그녀는 제우스가 준 재앙이 담긴 상자를 호기심에 열어 버려
여러 가지 재액(災厄)이 지상에 퍼지는 계기를 만들었는데 그
상자에 마지막까지 남은 것은 재앙이 아니라 '희망'이었다고
한다. 나는 그 신화에서 인간에게 있어서 희망이란 무엇인가
라는 보편적인 질문과 그것에 대한 단서를 찾아내려 했다.

   물론 글쓰기 경시대회라고 해도 어차피 학내 행사일 뿐
이다. 사회적인 평가에 값하는 것은 아니지만 나의 개인사에
서 중학교 2학년 봄까지는 국어를 잘했다는 것의 방증이 아
닐까 생각하여 언급해 두고 싶다.

호머와 대승불교

   내가 국어나 사회를 잘했던 것은 말할 필요도 없이 초등
학생 때부터 책을 많이 읽었기 때문이다. 지금 생각해 보면
책이라고는 하지만 아동용으로 고쳐 쓴 다이제스트판이 전

부이고 내용도 책을 좋아하는 많은 소년들처럼 『삼국지』, 『헤이케이야기』(헤이케 가문의 번영과 몰락을 묘사한 13세기 일본의 문학작품), 『태평기』 같은 싸움 이야기, 셜록 홈즈나 아르센 뤼팽 같은 추리물, 아쿠타카와 류노스케(芥川龍之介)의 『코』나 『거미줄』 같은 옛날 이야기가 중심이었다. 초등학교 시절 나의 독서에 특징이 있다면 『일리아드』나 『오디세이』 같은 호머의 작품에 빠졌다는 것, 어머니가 천태종계의 신흥종교에 열정적인 신도여서 대승불교에 강한 관심을 품었다는 것이다. 본디 신화를 좋아해서 일본신화나 그리스 신화 읽기를 좋아했는데 호머의 작품은 신들과 인간이 뒤섞여 있는 점에서 그리스 신화보다 일본신화에 가깝고 일본 신화와 『삼국지』를 합해 놓은 것 같은 재미가 있었다.

지금 생각해 보면 중학교 1학년 때 내가 쓴 「할아버지의 손」의 모티브에는 대승불교의 생각이 들어 있었던 것 같다. 원래 불교에는 인도의 카스트제도를 거슬러 '부처 앞의 평등'을 말하는 평등주의가 있었는데 깨달음을 얻어 해탈하기(구원받기) 위해 원칙적으로 출가할 필요가 있었다. 그러나 출가할 수 있는 인간은 한정되어 있다. 대승불교는 출가할 수 없는 대다수의 인간을 위해 보살(菩薩)의 힘을 빌려 출가하지 않고 집에서 해탈할 수 있는 방법을 이야기했다. 정통 대승불교의 교리와 다를지도 모르겠지만 '속세간의 엄격한 노동을 수행으로 보고 그것을 묵묵히 쌓아 간 고령자들 중에는 해탈에 근접했다고 해도 좋을 정도의 존경해야 할 인간이 있을 것'이라고 중학교 1학년의 나는 생각했다.

또한 이것도 내 기억에 따른 것이지만 중학교 2학년 글 쓰기 경시대회에서 쓴 「판도라의 상자」는 호머의 『일리아드』에서 힌트를 얻은 것이다. 호머의 양대 서사시인 『일리아드』는 아킬레우스나 아가멤논 같은 영웅들에 의한 전투의 연속인데 『오디세이』는 주인공 오디세우스의 '지혜와 용기'에 의한 위기 탈출 이야기다. 예를 들면 오디세우스는 어느 날 여성의 모습을 한 메두사라는 괴물에게 앞길이 막힌다. 메두사는 눈이 마주친 사람을 돌로 만들어 버리는 무서운 존재였다. 많은 사람들이 돌로 변해 가자 오디세우스는 메두사에게 거울을 비추어야겠다는 똑똑한 생각을 한다. 거울을 본 메두사는 자신의 마력에 의해 돌이 되어 버렸다. 이것이 오디세우스의 '지혜'이다. 메두사에게 거울을 비추려면 눈을 감은 채로 메두사의 눈앞까지 가지 않으면 안 된다. 메두사의 머리카락은 한 올 한 올이 뱀같이 생겼다. 무서울 수밖에 없다. 그 공포를 극복한 것이 오디세우스의 '용기'이다. 이렇게 재앙이 가득한 세상에서도 '지혜와 용기'가 있다면 극복할 수 있다. 그 '지혜와 용기'야말로 판도라의 상자에 남은 '희망'이다. 중학교 2학년 때 나는 그렇게 생각했다.

수학의 발견을 추체험하는 재미에 눈뜨다

「판도라의 상자」를 쓴 후 얼마 지나지 않은 중학교 2학년 여름경부터 나는 인격이 교체되듯이 문과 인간으로부터 이과 인간으로 전환했다. 긴 문장을 읽을 수 없게 되었고 국어와 사회, 이어서 영어 성적도 급강하했다. 당연히 글쓰기 경시대회에서의 입상도 일체 없었다.

그러나 그 어두운 변화는 수학이나 물리 성적의 급상승으로 바뀌었다. 즉 나에게 일어난 문과 인간으로부터 이과 인간으로의 전환의 원동력은 수학이나 물리의 재미를 자각한 데에 있었고 국어나 사회의 급락은 그 부작용이었다. 그러므로 그 부정적인 결과는 뒤로 미루고, 먼저 어떻게 해서 내가 수학이나 물리의 재미를 자각하게 되었는지 이야기하고자 한다.

나는 초등학교 때 산수를 잘 못했다. 예를 들어 학구산鶴龜算* 같은 것은 전혀 할 수 없었다. 왜, 하필이면 학과 거북이의 수를 세지 않으면 안 되는지, 초등학생인 나는 도대체 알

---

* 학과 거북이 총 32마리가 있다. 각각의 다리 합이 94가 될 때 학과 거북이는 몇 마리씩 있을까?(학은 다리 2개, 거북은 다리 4개다.) 해답: 학 17마리, 거북 15마리. 해설: 만일 모두 학이라고 하면, 다리는 2개×32마리로 64개. 총 다리의 수는 94이므로 94-64=30 이를 학과 거북의 발 차이(2개)로 나누면 15. 따라서 거북이는 15마리다.

수 없었다. 퍼즐 같은 미로를 헤쳐나가는 것이라면 추리소설 같은 것이 훨씬 더 재미있었고 게임이라면 장기나 바둑 쪽이 훨씬 재미있었다.

이러한 상황은 중학교에 들어가서도 변하지 않았고 기계치인 나는 중학교 2학년 봄까지 '전형적'인 문과 인간이었다. 그런데 지금 생각해 보면 문과 인간이었던 그 시기부터 이과 인간으로의 전환이 준비되고 있었던 듯하다. 그 '준비' 란 수학상의 발견을 추체험하는 재미를 느꼈다는 것이다.

피타고라스 정리가 시작이었다. 삼각형의 변의 길이가 3:4:5면 직각이 만들어진다는 것은 이집트 사람들도 알고 있었지만 어떤 직삼각형이라도 직각을 에워싼 변a, b와 빗면 c 사이에 $a^2+b^2=c^2$가 성립한다는 것을 증명한 사람이 피타고라스다. 그가 이 정리를 처음으로 증명했다는 것은 이것을 '발견'했다는 것이다. 나는 직삼각형의 각 변의 길이와 같은 정방형을 사용하면 삼각형의 면적 공식만으로도 이 정리를 증명할 수 있다는 것을 알고 즉 이 정리의 '발견'을 추체험하여 깊은 감동을 받았다.

그다음 내 마음을 유혹한 것은 반지름과 높이가 같은 원기둥, 구, 삼각뿔의 부피비가 3:2:1이 된다는 아르키메데스의 정리였다. 왜 마음을 빼앗겼냐 하면 결론의 단순함과 관계없이 왜 그런가, 도저히 답을 찾아내지 못했기 때문이다. 그러나 나는 어떻게 해서라도 그것이 알고 싶었다. 몹시 고

생한 끝에 제곱의 급수의 합 공식에서 이 아르키메데스의 정리를 증명할 수 있었고 매우 기뻤다. 거기서부터 데카르트의 해석기하학과 뉴턴, 라이프니츠의 미분적분학으로의 비약은 의외로 빨랐다.

2 | 기계치와 수학

기계치로의 전락과 수학에 의한 그 보상

문과 인간이었던 내가 왜 수학상의 발견에 감동받게 되었을까. 절반은 추측이지만 기계치로 전락하고 기계를 만질 줄 몰랐던 것의 보상을 수학에서 찾지 않았나 싶다.

나는 기계치로 '전락'했지 처음부터 기계치는 아니었다. 어린 시절 나는 운동치였고 편도염으로 열이 나는 바람에 오랜 시간 집에 박혀 있은 덕에 적어도 초등학교 5학년까지는 다른 남자애들처럼 기계 만지는 것을 좋아했다. 초등학교 5학년 수업 때 '지금 제일 하고 싶은 것을 써 보세요'라는 말에 '카메라'라고 쓰자 담임 선생님은 '도이 군은 더 고상한 것을 좋아할 거라고 생각했어. 실망인데'라고 말했다.

그런데 그 좋아하던 카메라가 갑자기 싫어지게 되었다. 졸라서 산 카메라를 험하게 다루자 아버지가 격노하여 호되게 나를 꾸짖었는데 나는 왜 혼나야 하는지 모른 채 기분만

상했다. 그 뒤로 어쩐 일인지 카메라가 싫어졌다. 그리고 내가 싫어하게 된 것은 카메라만이 아니라 여러 가지 기계라는 것을 알게 되었지만 그 이유는 분명하게 몰랐다. 다만 상당한 시간이 지난 후 하나 더 생각나는 것이 있다. 카메라를 사기 며칠 전에 철봉에서 떨어지며 얼굴을 세게 부딪쳐서 코뼈가 부러지는 사고가 일어났다. 외상은 그리 심하지 않았지만 아마도 뇌에 조금 장애가 생겼을지도 모른다. 유감스럽게도 정확한 의학적 근거는 없다. 하지만 실제로 나는 그 일이 일어난 초등학교 5학년 어느 시점부터 급격하게 기계치로 전락했다.

나는 많은 남자아이들이 기계에 빠지는 이유가 수수께끼로 가득 차 있어서 재미있기 때문이라고 생각한다. 왜 쇠로 만든 배가 뜨는가, 어떻게 비행기가 하늘을 나는가, 어떻게 런던이나 뉴욕에 있는 사람과 이야기를 할 수 있는가. 많은 아이들이 배 장난감이나 모형비행기나 무선통신에 빠진다. 배가 뜨는 것은 앞에서 본 아르키메데스가 발견한 부력의 원리며 지구 반대편에 있는 사람과 말을 할 수 있는 이유는 맥스웰의 전자이론으로 설명할 수 있다. 그러나 이미 누군가가 발견했다고 해도 그 자연현상이 재미없는 것은 아니다. 자연 그 자체의 놀라움이나 인류의 위대한 발견을 알고, 앞서간 사람이 '발견'한 진리를 '추체험'하는 것은 호기심 왕성한 아이들에게 있어서 무엇보다도 신나는 탐험이다.

수학 '발견'의 '추체험' 재미도 기본적으로 그것과 다르지 않다. 다른 것은 수학의 경우에는 종이와 연필만으로 시행착오를 반복하는 '순수하고' '고독한' 작업이 필요하다는 것이다. 모형 비행기나 무선통신 조립 작업은 순수할지 몰라도 고독하지 않다. 커다란 이유가 없다면 아이들이 기계의 세계를 버리고 종이와 연필의 세계를 선택하지는 않을 것이다. 그러나 나는 초등학교 5학년 때 병적인 기계치가 되면서 드라이버 대신 연필을 쥐었다.

뉴턴과의 조우

이렇게 문학, 역사의 세계와 기계를 만질 수 없었던 보상을 찾기 위해 수학에 빠져들고 있던 5학년 말의 어느 날, 전환이 찾아왔다. 뉴턴을 만난 것이다.

기계치였던 나는 종이와 연필로 '실험'할 수 있는 수학이라면 몰라도, 실험장치가 필요한 물리학을 좋아하게 돼서는 안 될 것이었다. 그런데 오늘날에는 뉴턴역학의 범위에서라면 일상적인 관찰에 의해서도 물리학의 법칙을 검증할 수 있다. 예를 들어 신칸센에 올라타면 고속이나 등속으로 움직이는 한 운동상태를 유지하려 한다는 '관성의 법칙'을 관찰할 수 있다. 또한 호스에서 나오는 물이 '포물선'을 그리는 것을 보면 중력이 물의 속도를 낮추는 역할을 한다는 것을 관찰할 수 있다. 더 나아가 공중에 정지해 있는 헬리콥터를 보면 헬리콥터가 정지해 있는 것은 프로펠러 날개 아래의 기압 차이에 의한 반작용으로 양력을 받고 있기 때문이라는 것을 관찰할 수 있다. 신칸센도 완비된 상하수도도 헬리콥터도 뉴턴 시대의 일상에는 없었던 것이다. 뉴턴의 시대에 관성의 법칙, 가속도의 법칙, 작용 반작용의 법칙이라는 역학 3법칙을 검증하기 위해서는 반드시 그러한 실험을 할 필요가 있었다. 그러나 오늘날에는 일상적인 관찰로 검증할 수 있다. 이것은 나에게는 '행운'이었다. 뉴턴을 통해 수학의 세계, 물리학의 세계로 넓어져 간 것이다.

　뉴턴은 잘 알려져 있듯이 역학의 3법칙과 만유인력의 법칙 및 스스로 발견한 미분적분법을 사용하여 태양계 천체에 관한 케플러의 3법칙을 이끌어내고 코페르니쿠스 이후의 지동설을 완전히 기초화했다. 그뿐만이 아니다. 뉴턴은 인류 사상 처음으로 초자연적인 힘에 의거하지 않고 천체의 움직임을 정확하게 '예측'하는 것을 가능하게 만들었다. 거대 운석이 지구에 가까워지는 것을 알았을 때 그것이 지구와 충돌하는가 아닌가를 뉴턴 역학은 완전히 예측할 수 있다. 그 예측기술은 자연의 천체만이 아니라 인공 천체, 즉 인공위성에도 활용되었다. 인공위성과 인공위성을 우주에서 도킹시키는 기술의 기초도 뉴턴 역학이다. 이 뉴턴 역학을 출발점으로 하여 나의 관심은 물리학 전체로 넓어졌다. 열역학, 전자기학, 상대성이론, 양자역학으로 전개된 물리학의 역사는 드라마틱하고, 클라우지우스에 의한 엔트로피의 정의, 맥스웰 방정식, 플랑크의 복사법칙, 아인슈타인의 $E=mc^2$이라는 방정식, 슈뢰딩거의 파동방정식은 한없이 아름다웠다.

하지만 역시 전자기학의 이해 등은 라디오나 텔레비전을 분해하여 다시 조립한 경험이 있지 않으면 상당히 어긋난다. 그리고 전자기학의 이해 없이는 양자론도 상대성이론도 참된 의미에서 이해할 수 없다. 내가 기계치만 되지 않았다면 자연스럽게 실험의 세계에도 관심을 가졌을 것이다. 그러나 나는 그럴 수 없었다.

3 | '전형적' 이과 인간으로의 전환

문이과의 상호배타적인 분리와
'전형적' 이과 인간으로의 전환

통상 기계를 좋아하는 소년은 기계를 '사용'하는 측면에서든 기계를 '만드는' 측면에서든 기계에 흥미를 갖기 마련이다. 기계를 '사용하는' 측면에 더 흥미를 가진 소년은 문과 인간이 되어 문학과 역사책을 읽으려 할 것이고 기계를 '만드는' 측면에 더 흥미를 느낀 소년은 물리나 수학책을 읽으려 할 것이다.

확실히 두 개의 세계는 크게 구분되지만 기계를 통하여 서로 오고 가는 한 양자가 완전히 나누어지는 것은 아니다. 또한 기계를 만지고 노는 실험은 두 세계의 경계선이기 때문에 그 경계선마저 확고하게 해버리면 한쪽이 다른 쪽을 침식하는 일도 벌어질 것이다.

그런데 나의 경우, 두 세계의 유일한 연결 루트임과 동시에 경계선이기도 한 기계 만지기 경험이 결여되어 있었다. 그뿐만이 아니라 더 나쁜 것은 나에게 기계를 대신하는 유희 대상이었던 수학의 세계는 종이와 연필 외에 다른 것을 필요로 하지 않았고 내용이 고도화하고 물리학과 연관을 갖게 되면서 호머나 대승불교와 같은 책의 세계에서 벗어나게 되었다. 여기서부터는 다시 추측할 따름이지만 기계라는 유일한 연락 루트를 잃고 완전히 분리되어 버린 수학과 문학 세계가 '책'이라는 한 세계에서 공존하는 것은 아마도 불가능했을 것이라고 생각한다. 그렇게 중학교 2학년 여름 어느 날, 돌연 내 머릿속에서 문학과 역사의 세계가 소멸해 버렸다. 마치 인격이 교체되듯이 그때 나는 '전형적인' 문과 인간으로부터 '전형적인' 이과 인간으로 전환했다.

그러나 문과로부터 이과로의 전환이 매우 갑작스러웠기 때문일까. 이과 인간이 된 나에게 언어 장해(障害)라고도 할 수 있는 독해력의 저하가 동반되었다. 이 난독증의 더 구체적인 내용은 다음과 같이 정리할 수 있다.

(1) 사물의 '비'역사적 기술은 수식이 없으면 읽을 수 없다

(2) 관념의 역사적 기술은 읽을 수 있으나 사물의 역사적 기술은 읽을 수 없다

언어 장해적인 독해력의 저하

먼저 (1)에 대하여 얘기하자. 이 세상의 문과 인간들은 수식이 '있어서' 읽을 수 없다고 하면 몰라도 수식이 '없어서' 읽을 수 없다는 것을 쉽게 이해하지 못할 것이다. 혹은 수학은 '언어'라고 주장하는 일부 이과 사람들에게 있어서는 언어만의 세계와 수식과 언어가 혼재된 세계를 대립적으로 파악하는 나의 인식 그 자체에 위화감을 느낄 수도 있을 것이다.

그런데 나에게 말해 보라고 하면 수식은 결코 언어가 아니다. 언어 이상의 어떤 것이다. 왜냐하면 수식은 언어와 달리 '계산의 수단이 되기' 때문이다.

학과 거북이가 다 합해 5마리고 학의 다리와 거북이 다리를 합하면 16개가 된다고 하자. 이 '학과 거북이를 합하면 총 5마리'라는 문장을 '배'로 늘릴 수 있을까. 그리고 '배'가 된 문장을 '학의 다리와 거북이 다리를 합하면 16개가 된다'는 문장에서 뺄 수 있을까. 물론 할 수 없을 것이다. 애당초 '배가 된다'는 의미가 통하지 않기 때문이다.

그런데 수식이라면 가능하다. 학의 수를 x, 거북이의 수를 y라고 하자. 그러면 '학과 거북이를 합하면 5마리'라는 문장은 x+y=5 ····①가 된다.

그리고 '학의 다리와 거북이 다리를 합하면 16개가 된다'

는 문장은 2x+4y=16 ····②이 된다.

①식에 2를 곱하면 2x+2y=10 ····③이고 ②에서 ③을 빼면 2y=6이 되고 y=3, x=2가 된다.

즉 수식은 문장과 달리 그 자체를 곱하기도 하고 빼기도 하면서 '계산 가능'하다. 극단적인 말일지 모르지만 나는 수식을 '주판' 같은 것이라고 해도 문제가 없다고 생각한다. 그리고 이론과 관찰에만 의지하는 실험을 기피하는 중2, 중3의 나에게 있어서 '계산'은 '논증'과 거의 같은 것이었다. '계산 수단'의 수식이 없다는 것은 '논증 수단'이 없다는 것을 의미했다. 비역사적 기술이 역사적 기술처럼 시간 축을 따라 사물의 흐름을 좇아가지 않는다면 그것은 '논리'에만 의지한다. 그런데 중2, 중3의 나에게 있어서 논리란, 수식에 의한 계산이었기 때문에 수식이 없는 비역사 서술=논리적 기술은 전혀 이해할 수 없었던 것이다.

그다음, (2)에서 '관념의 역사적 기술'이란 주로 '물리학사'의 것이다. 고대 선각자인 아르키메데스의 전통이 중세에서 끊어진 후 근대에 들어와 뉴턴으로 이어진 근대물리학의 여명기 흐름, 그리고 뉴턴 이후, 베르누이의 유체역학, 라그랑주, 라플라스의 천체역학, 암펠, 패러데이, 맥스웰의 전자기학, 카르노, 줄, 클라우지우스의 열역학으로 이어진 성숙기 근대물리학의 흐름, 그 근대물리학에 나타난 암운의 하나인 흑체복사 문제를 훌륭하게 풀어낸 플랑크와 또 하나의 암운인 에테르의 수수께끼를 에테르 개념의 추방으로 해결한 아인슈타인에 의해 열린 현대물리학의 탄생이라는 물리학의 역사만큼 극적이고 가슴 뛰는 것은 없을 것이다. 그런데 그 것은 어디까지나 물리학이라는 '관념'의 역사이고 물리현상 이라는 '사물'의 역사는 아니다.

오늘날 최첨단 물리학이 우주론에 연결됨으로써 역사과 학으로서의 물리학이 모습을 드러내고 있는데, 거기서도 기 본적인 물리현상 및 물리법칙은 영겁의 시간이 흘러도 변화 가 없는 것으로 봐도 무방하다. 즉 물리학이 다루는 '사물'에 역사는 없다. 이 사실에 익숙했던 나는 『삼국지』나 『태평 기』 같은 사물의 역사적 기술을 읽을 수 없었다. 역사적 기 술로 읽었다는 것은 '관념'의 역사뿐이었다고 해도 좋다.

그러나 학문의 역사를 읽을 수 있다고 해도 수학사와 물 리학사 이외에는 천박한 읽기 방식에 머무를 수밖에 없었다. 철학사 등은 참으로 재미있지만 그 내용에 촉발되어 아리스 토텔레스나 칸트를 읽으려고 하면 도저히 감당할 수 없었다. 그들은 관념만이 아니라 사물도 대상으로 보았기 때문이다. 화이트헤드나 러셀의 분석철학에는 수식이 나와 언뜻 익숙 하게 보이지만 이것들은 조금 전의 수학을 언어로 보는 사람 들과 달리 언어의 그 핵심 부분을 수식으로 바꾸려고 하는 사람들처럼 여겨졌다. 수식과 언어가 다르다고 생각하지 않 는 나는 도저히 따라갈 수 없었다.

요컨대 수식이 없는 논리적 기술이든 사물을 다룬 역사적 기술이든 긴 문장을 읽을 수 없게 되었다. 당연히 국어와 사회 성적이 급락하고 서문에 썼듯이 영어도 그것을 닮아 떨어졌다. 영어 또한 중학교 3학년경부터 문장이 단숨에 길어지기 때문이다. 수학이나 물리의 세계는 변함없이 재미있었고 성적도 올라갔는데 나에게는 불만족스러운 것이 남아 있었다. 이과계 과목을 좋아하지만 그런대로 문학의 세계를 확보하고 장편소설에 친숙한 소년은 많다. 만일 문과 지망 소년이라면 전집을 다 읽어버릴 정도의 기분을 느끼게 한 작가를 한두 명 정도 갖고 있을 것이다. 나는 문학을 통해 자연스럽게 성인으로 성장해 가는 과정을 밟지 않았다. 그런 나의 유일한 구원이었던 것은 '시'만은 읽을 수 있었다는 사실이다.

4 │ 시에 대한 경도와 문과로의 재전환

시에 경도하다

긴 문장을 읽을 수 없던 내가 시 정도는 읽을 수 있었던 데에는 세 가지의 이유가 있다. 하나는 무엇보다 문장이 짧기 때문이다. 수식이 없는 문장은 읽을 수 없지만 수식과 수식 사이에는 대체로 짧은 문장이 끼여 있기 때문에 그 정도의 문장은 읽을 수 있었다. 두 번째 일본의 시가 서사시가 아니라 서정시이기 때문이다. 호모의 『일리아드』나 『오디세이』는 전형적인 서사시이기 때문에 읽을 수 없었다. 서사시는 '사물'의 역사적 기술이다. 그것은 물리학 책 같은, 비역사적 사물의 이론적인 기술과는 다르다. 호모와 달리 일본의 시가가 노래하고 있는 것은 사물처럼 볼 수 있지만 사물이 아니다. '모가미강 거스르는 흰 물결 일 때까지 물렁물렁 서 있을지도'는 '사생寫生'을 강조한 사이토 모키치(齊藤茂吉, 1882~1953, 근대 단가를 확립한 가인)의 시다. 모가미강이라는 사물을 그리고 있는 것처럼 보이지만 노래하고 있는 것은 엄격한 자연 앞을 배회하는 인간의 엄숙한 '사념'이다. 당시의 나는 '사념'이라면 읽을 수 있었다. 그리고 세 번째, 시에는 통상의 문장에 없는 운율이 있다는 것도 플러스 요인이 되었다고 생각한다. 아마도 많은 문과 쪽 사람들은 믿지 않겠지만 시의 아름다움은 수식의 아름다움과 통한다. 시와 수식에는 일상 언어로 된 문장에는 없는 플러스알파가 있고 그 플러스알파 부분과 언어의 의미가 '공진'하여 아름다움이 생겨난다.

출판사는 잊어버렸지만 옅은 자색의 하드커버로 50권 정도 되는 『일본의 시가』 시리즈가 중고등학교 도서관에 있었다. 나는 그것을 탐독했다. 기억에 남는 것은 우에다빈(上田敏)의 『해조음(海潮音)』과 호리구치 다이카쿠(堀口大學)의 『월하의 일군(月下의 一郡)』이라는 번역 시집이다. 특히 호리구치가 번역한 아폴리네르의 「미라보 다리」에 있는 "미라보 다리 아래 세느강이 흐르고 우리의 사랑이 흐른다. 하루도 저물고 종이 울리고 세월은 흐르고 나는 남아 있네"라는 구절은 내 안에서 에디트 피아프(Édith Piaf, 프랑스 샹송 가수)의 노래와 함께 빛바래지 않는 파리의 이미지가 되었다.

일본 시인으로는 미야자와 겐지(宮澤賢治)의 「영결의 아침」이나 나카노 시게하루(中野重治)의 「비 내리는 시나가와역」, 안자이 휴유예(安西冬衛)의 "나비 한 마리, 타타르해협을 건너고 있네"(「봄」), 가인으로는 와카야마 보쿠스이(若山牧水)의 「백조는 슬퍼하지 않고 파란 하늘, 파란 바다에 물들지 않고 떠 다닌다」나 이시카와 다쿠보쿠(石川啄木)의 「부드럽게 버드나무 휘몰아치는 북상의 기슭에 보이니, 울어라」 등이 인상에 남아 있다. 그러나 각각의 작품이 아니라 작품 전체에 경도했던 시인은 하기와라 사쿠타로(萩原朔太郎)였다.

사쿠타로의 『달에게 짖다』, 『푸른 고양이』, 『영도(永島, 북극해에 떠 있는 얼음 섬)』는 당시 나의 바이블이었다. 나는 하기와라 사쿠타로가 일본어의 고저 강세로 이루어지는 운율을 이용해 자유시에 음악성을 붙인 유일한 시인이라고 생각한다. 각운에 입각하지 않는 일본어 시에는 진부한 칠조어(七語調) 이외에 이러한 운율이 없다는 게 통설이지만 사쿠타로의 작품은 그 통설에 반론을 펴는 것이라 여겨진다. 그러나 그 운율은 명시화되어 있지 않다. 언젠가 누군가가 그것을 해 주기를 기도할 뿐이다.

고교 1학년 영어 회화 수업 때 영어로 시를 지으라는 숙제를 받았다. 다음은 내가 그 숙제로 쓴 시다.

White Snow

When still so little, I wondered why

Such white and clean, pure snow

Has fallen down

From stormy brown

Dark clouds hanging low

I know the reason, learned at school

But why such beauty snow has

For only white

Just only white

I think no one knows

하얀 눈

아직 쌓이진 않았지만, 그토록 하얗고 깨끗하고 순수한 눈이

낮게 걸린 구름들

부는 바람에서 떨어진다는 것이 의아해

난 알지 그 이유를, 학교에서 배웠거든

하지만 그토록 아름다운 눈이

그저 하얗고

하얀 이유는

아무도 모를 거야

문과 진학을 결정하다

변함없이 장문은 읽지 못했지만 고등학교 2학년이 되어 문과로 진학할 것인지 이과로 진학할 것인지를 결정할 시기가 되었을 때 나는 방황 끝에 문과로 진학했다.

수험상으로는 이과가 압도적으로 유리했음에도 불구하고 이과에 진학하지 않았던 것은 역시 기계치인 나는 실험이 불가능하다고 생각한 원인이 크다. 물론 실험을 하지 않는다고 생각하는 이론물리학이나 수학으로의 진학도 고민해 보았다. 하지만 이론물리학은 매력적이었지만 그 무대가 점점 더 비일상화하고 있다는 기분이 들었다. 거대가속기와 우주관측이 물리학 진보에 중요하다는 것을 알고 있었지만 나는 이왕 한다면 비일상적인 현상의 수수께끼보다 일상적인 현상의 수수께끼를 풀고 싶었다. 당시에도 지금도 내가 일상 안에서 가장 중요한 수수께끼라고 생각하는 것은 '촉매'다. 모든 중요한 화학반응의 열쇠는 촉매가 장악하고 있고 모든 생명 활동을 통제하고 있는 효소 또한 촉매의 하나다. 그런데 이 반응에 왜 이 촉매가 유효한가를 말할 수 있을 정도로는 알고 있지 못하다. 나는 촉매의 수수께끼를 풀기 위해 이론화학을 공부하고 싶었으나 화학이야말로 실험하지 않으면 한 걸음도 앞으로 나아갈 수 없는 분야다. 결국 나는 이론물리도 이론화학도 깨끗하게 단념했다.

수학의 세계도 들여다보았는데 놀랍게도 20세기의 수학은 19세기까지의 그것과 비교할 수 없는 것이 되어 있었다. 한마디로 말해 20세기 수학 즉 현대수학은 추상적인 개념조작에 의한 증명을 축적해 가고 있는 것으로 보였다. 나에게는 복잡한 계산을 적극적으로 피하면서 추상화한 개념을 제한 없이 엄밀한 논리로 체계화하는 데에서 의미를 찾아내는 것처럼 보였다. 한참 뒤에야 현대수학의 중요성을 깨닫게 되었는데 당시의 나는 조급할 필요가 없다고 생각했는지 모르겠지만 수학할 기분이 나지 않았다.

그런데 왜 수험상 압도적으로 불리한 문과에 진학했을까. 내가 읽을 수 있었던 수식투성이의 전문서로 공부하는 분야가 문과에도 있다는 것을 알았기 때문이다. 그 분야는 바로 분석철학과 경제학이었다. 다만 분석철학은 앞에서도 말했듯이 언어의 본질을 수식으로 파악하려고 하기에 '수식은 언어가 아니고 역으로 언어도 수식이 아니라'고 생각하는 나에게 전공으로 받아들이기 어려운 것이었다. 따라서 남은 것은 경제학뿐이었다.

경제학으로 나가고 싶다고 생각한 이유는 그것만이 아

니었다. 더 큰 이유는 경제학을 공부하면 다시 역사서를 읽을 수 있지 않을까 하는 기대였다. 왜 그렇게 생각했을까. 경제 현상은 물리 현상과 달리 역사적으로 변화하기 때문이다. 즉 '수식을 사용하는 경제학'→'역사적으로 변화하는 경제 현상'→'역사학'이라는 루트로 독해력 저하를 회복하는 계획을 세웠다.

이 계획은 틀리진 않았지만 놀라울 만큼 긴 시간과 우여곡절을 동반했다.

2장

경제학부 진학과 『자본론』

마르크스와의 조우

1 | '전형적' 이과 인간인 채로 문과 학부 입학

고바야시 히데오와 쇼지 가오루

문과 학부, 특히 경제학부를 들어가겠다고 결심하며 난독증이 개선될 것이라고 기대했지만 병적인 독해력 저하는 조금도 개선되지 않았다. 다시 한번 독해력이 저하한 구체적인 내용을 반복해 보면

(1) 사물의 '비' 역사적 기술은 수식이 없으면 읽을 수 없다.
(2) 관념의 역사적 기술은 읽을 수 있지만 사물의 역사적 기술은 읽을 수 없다.

이 중에서 (1) 문제는 고등학교 3학년이 될 때쯤에 약간 개선되었다. 고바야시 히데오(小林秀雄)와 쇼지 가오루(庄司薫)라면 읽을 수 있다는 것을 알았다. 이 사실을 깨달은 후

두 사람에게 그야말로 푹 빠져들었다. 상당히 깊이 몰두한 결과 학급의 누구나 읽고 쓸 수 있는 '클래스 노트' 같은 것을 적당히 만들어 쇼지 가오루 풍의 문체로 고바야시 히데오의 평론 비슷한 것을 마구 썼다. 내용은 전혀 기억나지 않지만 「무상(無償)이라는 것」이라는 글을 썼던 기억이 있다. 물론 고바야시 히데오의 『무상(無常)이라는 일』을 비튼 것이었다.

왜 고바야시 히데오, 쇼지 가오루라면 읽을 수 있었던 것일까.

먼저 고바야시 히데오의 경우 나는 그의 평론이 '산문시' 같은 것이라고 생각한다. 대표작 중 하나인 「모차르트」 안에 모차르트의 음악을 '모차르트의 슬픔은 질주한다'라고 표현한 구절이 있다. 이것은 모차르트의 음악을 논리적으로 평가하는 것이 아니라 모차르트의 음악에 공감하는 그의 심정을 표현한 것이다. 그것은 작가의 심경을 표현한다는 점에서 서정시와 다르지 않다. 그렇지 않다면 시 외에는 읽지 못했던 고등학교 2, 3학년의 내가 읽을 수 있었을 리 없다고 생각한다.

그다음 쇼지 가오루의 경우 그의 소설의 충격적이라고 해도 좋을 특징은 뭐니 뭐니 해도 그 문체에 있다. 그의 문장은 처음부터 끝까지 '구어체'다. 나의 난독증을 설명한 '비역사적 기술'이든 '역사적 기술'이든 거기에 있는 '기술'이란 현대문의 '문어체'에 의한 '기술'을 의미했다. 희곡에서조차도 지문 부분은 문어체이다. 처음부터 끝까지 구어체로 쓰인 소설을 만난 것은 상상치 못한 행운이었다. 『빨간 모자야, 조심해』,『백조의 노래 따위 들리지 않아』,『괴걸 흑두건』으로 이어지는 그의 소설은 마치 텔레비전 드라마를 보는 것 같은 재미를 주었다. 소설 속 주인공의 나이가 나와 거의 같았던 것도 공감하는 데 도움을 주었다.

그러나 고바야시 히데오와 쇼지 가오루로의 몰입은 내가 문학의 세계에 다시 발을 들여놓는 계기는 되었지만 그 이상은 아니었다. 나는 변함없이 문학 세계의 핵심에 있는 장편소설에는 가까이 가지 못했다. 단편소설에서는 조금씩 읽을 수 있는 목록이 늘어 갔지만 장편소설은 형편없었다. SF에서 말하자면 호시 신이치(星新一)의 단편소설은 읽었지만 고마쓰 사쿄(小松左京)의 『일본침몰』은 읽을 수 없었다.

일본사, 세계사의 '벽'

(1)의 비역사적 기술의 독해는 다소 개선되었음에도 (2)의 역사적 기술의 독해는 전혀라고 해도 좋을 정도로 개선되지 않았다.

나는 중학교 1학년까지는 『고사기』,『일본서기』,『헤이케이야기』,『태평기』를 애독했기 때문에 고대사, 중세사는 그럭저럭 이해했다. 하지만 그 역사서의 '흐름'이 이야기의 세계로 교과서의 세계와 전혀 달랐다. 교과서 세계의 '흐름'은 이해할 수 없었다. 세계사에 대해서는 초등학생 때 『18사략』 등을 읽었기 때문에 알렉산더 대왕부터 칭기즈칸까지의 유목민의 흥망 등은 알아들었지만 유럽 국가들이 세계를 석권하게 되는 대항해시대부터는 '흐름'을 읽을 수 없었다.

나중에 생각해 보니 일본사의 시대와 시대를 연결하는 '흐름'과 근대 이후의 세계사의 '흐름'은 '사회경제사적 발전'을 의미한 것이었다. 일본사에 있어서 고대로부터 중세로의 흐름은 장원제의 발전을 기초로 하고 마찬가지로 중세로부터 근세로의 흐름은 단혼單婚 소가족 경영의 자립을 기초로 하며 근세로부터 근대로의 흐름은 산업자본의 성립을 기초로 한다. 마찬가지로 근대 이후의 세계사는 자본주의의 발전을 기초로 하고 있다. 아마도 내가 고등학교 3학년이었던 1970년대 전반의 역사 교과서는 지금보다 훨씬 더 사회경제사를 중시하여 쓰였던 것이 아닐까. 그리고 그때는 마르크스주의 시기라고 해도 과언이 아니다. 사회경제사를 중시하는 관점은 문과의 학문을 목표로 하는 당시의 학생에게 암묵적인 전제이자 상식이었는지 모른다. 그러나 당시 나의 환경, 즉 종교색이 강한 가정과 미션계 고교라고 하는 환경에서 그것은 결코 상식이 아니었다. 그리하여 일본사와 세계사를 공

략하는 돌파구는 여전히 발견되지 않았고 나의 입시에서 역
사는 최후까지 장애물로 서 있었을 뿐이다.

2 | 경제학부 진학과 마르크스 경제학에 대한 관심의 맹아

경제학부 진학과 근대경제학에 대한 위화감

'전형적인' 이과 인간이면서 문과 학부를 선택한 나는 몹시 고생한 끝에 1년을 재수하고 운 좋게 현재 재직하고 있는 대학의 경제학부에 합격했다. 나는 정말로 안도했다. 세상사에 대한 예상이 우연히 딱 들어맞은 덕분일 거라고 생각하고 있다.

경제학을 배우며 난독증도 천천히 치유하고 역사에 대한 관심도 되살아날 것이라고 생각하니 기뻤다. 고등학교 때 세운 계획, 즉 '수식을 사용하는 경제학'→'역사적으로 변화하는 경제 현상'→'역사학'이라는 과정에서 역사에 대한 관심을 되살리려는 계획에 따라, 수식이 많은 경제학 전문서를 읽어 보려는 용기가 생겼다.

마르크스 경제학의 이름을 내건 강의가 거의 없어진 현재와 달리 당시 일본 대학의 경제학부에서는 근대경제학 강의와 마르크스 경제학 강의가 수없이 길항하였고 양자를 자유롭게 선택할 수 있었다. 그리고 내용이 무엇이든 대개 수식을 사용하는 것이 근대경제학, 사용하지 않는 것이 마르크스 경제학이라고 여겨졌다. 따라서 나는 당연히 근대경제학 입문서부터 읽으려고 했다.

그런데 처음 본 '무차별곡선'에서 일찌감치 좌절했다. 무차별곡선이란 효용이 같다고 판단되는 상품의 조합을 지도의 등고선처럼 연결한 곡선이다. 나는 그러한 조합이 무수하게 많다고 상정하는 데 무리가 있다고 생각했다. 예를 들어 10가지 상품으로부터 2개 상품을 골라 조합하면 무수하다고는 말할 수 없지만 몇 가지 있다고 말할 수 있을 것이다. 내가 무차별곡선에서 문제로 삼는 것은 두 종류 상품의 양적 비율 조합이다. 라면과 밥으로 말하면 밥 없이 라면을 두 개 먹을까, 라면 1개와 밥 조금으로 할까 고민하는 경우를 문제 삼을 수 있다. 선택지가 몇 종류씩이나 있을 수 있는 게 아니다. 물론 학문에는 비현실적인 상정을 하면서 본질을 부각시키려고 하는 경우도 있으므로 논의의 출발점에서 상정에 무리가 있다는 것만으로 기피하는 것은 지나친 일일지도 모르겠다. 백보 양보하여 그것이 올바르다고 해도 나에게는 무차별곡선이 아름답다고 느껴지지 않았다.

수학의 정리와 마찬가지로 근대경제학의 이론을 아름답다고 평가하는 학자는 많다. 나도 무차별곡선 이후의 수요곡선 도출이나, 일반 균형이론의 전개는 재미있다고 생각하고 아름답다고 생각하지만 무차별곡선에 느끼는 생리적인 위화감만은 끝까지 불식시키지 못했다. 그 이유는 무차별곡선의 '연속성'과 '서수성'(순서에 따르지만 더했다 뺐다 할 수 없는 성질)의 모순에 있다고 생각한다. 1번, 2번이라고 순서가 정해지는 서수는 1, 2, …… 같은 이산량(離散量, 화폐나 개수 등과 같이 그 이상 분할할 수 없는 최소량)으로 생각되고, 연속량으로서의 서수란 본래 상상할 수 없다. 한편 무차별곡선의 모델인 등고선에는 '서수'가 없다. 더하고 뺄 수 있는 '기수'로서의 '높이'가 따로 있다. 그러므로 등고선은 높이에 따라 여러 개의 선을 지도에 그릴 수 있는 것이다. 그런데 무차별곡선은 '서수'라는 전제에도 불구하고 등고선과 같은 원점으로부터 연속적으로 멀어져가는 곡선군으로 그려진다. 이것은 모순 아닌가.

비판하려고 읽기 시작한 『자본론』

이렇게 근대경제학에 실패했지만 그렇다고 바로 마르크스 경제학으로 갈아타지는 않았다. 수식 없는 경제학은 도대체 읽을 기분이 나지 않았다. 마르크스 경제학은 스스로를 과학으로 규정하고 있는 것과 관계없이 과학이므로 옳고, 옳기 때문에 과학이라고 한, 종교로 오인할 만한 순환논법적

자화자찬이 두드러져 마음에 들지 않았다.

그런데 오히려 나는 도저히 과학이라고 할 수 없는 마르크스 경제학을 과학이라고 계속 말하는 마르크스 경제학자의 '정념'이 마음에 들었다. 그들도 과학기술이 고도로 발달한 20세기 후반에 살고 있는 이상 과학이라고 하면 대개 자연과학을 지칭한다는 것을 모르지 않을 것이다. 그럼에도 불구하고 물리학과는 닮을 수 없는 마르크스 경제학을 과학이라고 점점 더 강경하게 주장하는 것은 왜일까? 그들은 물리학으로 대표되는 과학이 수학에 의한 체계화와 실험에 의해 검증되는 학문이라는 사실을 모르는 것이 아닐까?

오만하게도 그렇게 생각했던 나는 무모하게도 마르크스 경제학의 본령인 『자본론』을 처음부터 읽어 보기로 했다. 출발점인 『자본론』이 과학이 아니라는 것만큼 확실한 비판이 없다고 생각했기 때문이다. 그러나 『자본론』과의 격투는 앞부분의 상품론에서 끝나지 않았다. 결국 나는 1년 가까이에 걸쳐 『자본론』 전 3권을 다 읽었다. 그런데 『자본론』은 전혀 뜻밖으로 '과학이 아니라고 잘라 말할 수 없는' 책이었다.

'전형적' 이과 인간이 『자본론』을 다 읽은 이유

그렇다 해도 수식이 없는 비역사적인 기술은 읽을 수 없었던 내가 책으로 13권이나 되는 『자본론』 전 3권을 어떻게

해서 읽을 수 있었던 것일까. 이를 두 가지로 정리해 설명해
보자.

(1) '수식논리'로 가득한 『자본론』

『자본론』에 수식 자체는 아주 많이 나오지 않는다. 그러
나 ①가치형태론 ②화폐로부터 자본으로의 전환 ③자본순
환론 ④재생산표식 ⑤이윤율과 생산가격 등은 수식처럼 계
산할 수 있는 것이 아니라고 해도 '수식조작'할 수 있는 '논
리'로 가득 차 있다. 예를 들어 ①에 있어서

$$x양의 \ 상품 \ A = y양의 \ 상품 \ B$$

라는 간단한 가치형태의 '정식'을 보자. 이것은 우변과 좌변
을 '역전'시킨다는 수식조작에 의해 y양의 상품 B=x양의 상
품 A라는 '역의 성립을 포함'함을 나타낼 수 있다. 이 사실은
상품 소유자의 공동행동에 의해 화폐가 태어날 때의 중요한
전제조건이 된다. 또한 ②에 대해서는

$$G\text{-}W\text{-}G'=G+\Delta G$$
(G는 화폐, W는 상품)

라는 자본의 유통 형식은 '판매' W-G와 '구매' G-W를 연결

시킨 단순한 상품 유통의 '정식' W-G-W에 '역전'과 '변화'를 의미하는 수식조작 +Δ을 더한 것이다.

③에 대해서도 마찬가지로 설명할 수 있다. ④와 ⑤는 수식 그 자체라고 해도 무방하다.

(2) 납득할 수 있었던 '상향법' 논리

『자본론』의 서술방법은 간단한 것으로부터 복잡한 것으로, 추상적인 것에서 구체적인 것으로 한 걸음 한 걸음 전진하는 마르크스의 논리 그 자체였다. 이것을 상향법 논리라고 하는데 처음에는 당황스러웠지만 차차 납득할 수 있었다. 사실 서술의 방법이고 총합의 방법인 상향법은 연구방법이자 분석방법이기도 한 하향법을 전제로 한다. 그리고 이 하향법과 상향법의 관계는 종이 위에서의 관념적인 분석과 총합의 관계로서 생각하기보다는 구성의 '분해'와 '틀 세우기'의 관계로 생각하는 쪽이 알기 쉽다. 이는 기계치인 내가 어려워했던 기계 조작 작업이다. 그러나 이 상향법, 하향법에서의 '분해'와 '틀 세우기'는 머릿속에서 행하는 작업이기 때문에 기계치인 나도 가능했다.

복잡한 기계를 분해할 때에는 순서를 정확하게 기억해 둘 필요가 있다. 그렇게 하지 않으면 조립할 수 없기 때문이다. 그리고 이 '분해'의 순서를 뒤집은 '틀 세우기'의 순서에 따라 기계를 원래대로 돌려놓을 때 비로소 그 사람은 기계

내부 구조를 분명하게 이해했다고 말할 수 있다. 대상이 자본주의인 경우도 마찬가지다. 자본 → 화폐 → 상품으로 '분석'한 순서를 역전시킨 상품 → 화폐 → 자본이라는 순서로 자본의 운동을 서술할 수 있을 때 비로소 자본주의의 내적 구조를 분명히 이해했다고 주장할 수 있다.

이 상향법은 실험할 수 없는 사회과학 실험을 대체할 방법으로서 헤겔이나 리카도를 참고해 가면서 마르크스가 개발한 것이다. 기계치이기 때문에 실험할 수 없었던 나에게 '복음' 같은 것이었다. 나는 처음으로 수식 계산에 의하지 않고 언어에 의해 논증하는 방법이 있다는 것을 알게 되었다.

3 │ 뉴턴 역학을 이해하지 못했던 마르크스

내 인생을 바꾼 『자본론』

결과적으로 『자본론』은 내 인생을 좋은 방향으로 바꾸는 계기가 되었다. 장편소설을 읽지 못했던 나는 그 분량이 『죄와 벌』(도스토옙스키)의 6배가 넘는 『자본론』을 『자본론』이기 때문에 읽을 수 있었다. 그 이유는 뭐라 해도 『자본론』의 서술 방법, 즉 상향법에 있었다. 그리고 이 『자본론』의 서술에 사용된 하향법과 상향법 논리는 나의 '비역사적인 서술은 수식이 없으면 읽을 수 없다'는 난독증을 크게 개선시키는 계기가 되었다. 왜냐하면 수식이 없어도 상향법과 유사한 논리라면 그것을 접착제로 하여 장문을 읽을 수 있게 되었기 때문이다.

그것만이 아니다. 『자본론』은 논리적인 기술이 일단락될 때마다 거기에 연관된 역사적 기술을 더하는 구성을 취하고 있다. 처음 『자본론』을 통독했을 때에는 이 역사적 기술

부분이 읽기 어려웠고 그 안에서 뭔가 논리적인 표현을 찾아내기 위해 모래를 씹는다는 생각으로 읽었다. 이 논리와 역사를 연결하면서 역사적 기술을 읽는 습관은 그 후 나의 '사물의 역사적 기술은 읽을 수 없다'는 난독증 상황을 극복해가는 힌트가 되었다.

이렇게 나의 난독증을 개선하는 계기가 되었던 것이 『자본론』이었기 때문에 소련이 붕괴하고 마르크스 경제학의 권위가 땅에 떨어져도 『자본론』의 위대함에 대한 나의 확신은 흔들리지 않았다. 물론 처음 통독했을 때는 모든 내용을 다 소화하지 못했다. 많은 내용이 소화되지 않은 상태로 내 안에 남아 있었다. 거의 소화했다고 말할 수 있게 된 것은 창피하긴 하지만 환갑이 지난 최근이라는 것을 고백해 둔다.

처음에는 받아들이기 어려웠던
마르크스의 자연과학에 대한 이해

내 안에 소화되지 않은 상태로 남아 있던 내용은 이제 거의 소화 중이라고 말할 수 있고, 어쨌든 내 안에 '피와 살로 만들어야' 할 내용으로 받아들이고 있다. 처음 통독했을 때 부자연스럽고 받아들이기 어렵다고 느낀 내용은 자연과학에 대한 저자 마르크스의 이해다. 『자본론』은 경제 현상을 다룬 책이기 때문에 자연현상을 언급하는 것은 대부분이 비유이다. 문제는 그 비유가 적절한가이다.

19세기 중반은 화학이나 생물학이 정립되기 전이었다. 그렇기에 전문가가 아닌 마르크스가 그 본질을 파악하지 못했다는 건 어느 정도 이해할 수 있다. 그러나 뉴턴에서 시작하는 고전역학은 그렇지 않다. 늦어도 18세기에는 학문체계로서 완성되었다. 마르크스가 그 본질을 파악하지 못한 것은 대체로 '이해하지 못했다'는 것에 다름 아니다.

천체의 '타원운동'에 대한 마르크스의 오해

여기서 『자본론』 연구자에게는 '낙하'와 '날아가 버림'의 모순으로 잘 알려진 『자본론』 제1권 제3장 제2절의 문장을 보자.

모든 상품의 교환 과정은 서로 모순하고 서로 배제하는 모든 과정을 포함하고 있다. 상품의 발전은 이 모순들을 제거하는 것이 아니라 이 모순들이 연동할 수 있는 형태를 만들어 내는 것이다. 이것이 일반적으로 현실적 모순들이 자기를 해결하는 방법이다. 예를 들어 하나의 물체가 끊임없이 다른 물체로 낙하하고 동시에 끊임없이 거기서부터 날아가 버린다고 하는 것은 하나의 모순이다. 타원은 이 모순이 자기를 실현함과 동시에 해결하는 운동 형태들의

하나다.(『자본론』, 디츠판*, 118-119쪽)

　『자본론』의 문장에 익숙하지 못한 이는 어려울 수도 있겠지만 이 문장의 전반부에서 마르크스가 말하고 있는 바는 이러한 것이다.

　상품에는 사람들의 욕망을 만족시키는 유용성의 가치와 다른 상품 혹은 화폐와 교환할 수 있는 가치 두 가지 측면이 있다. 전자를 사용가치, 후자를 교환가치 혹은 단순히 가치라고 한다. 화폐가 존재하지 않는 물물교환을 상정해 보자. 예시로 잘 내세워지는 것은, 생선가게는 쌀을 원하는데 쌀가게는 고기를 원하여 욕망의 불일치로 교환이 성립하지 않는 경우이다. 여기서 만일 생선을 원하는 정육점이 있다면 생선가게는 먼저 정육점과 생선을 고기로 교환한다. 그렇게 손에 넣은 고기를 이번에는 고기를 원하는 쌀가게에 넘겨 생선가게가 원래 원하던 쌀을 손에 넣는다. 이 경우 생선가게에게 있어서 고기는 욕망을 만족시키는 사용가치가 아니라 교환수단으로서의 교환가치 역할을 한다. 이 교환가치 내지는 교환수단을 일반화한 것이 화폐라는 것이다.

---

* 　디츠판은 동독에서 나온 『자본론』이다.

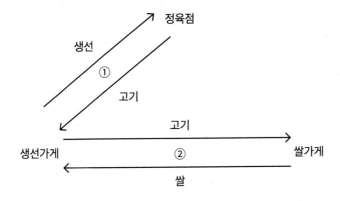

　여기서 마르크스는 수량의 문제도 생각하려고 했던 것 같다. 생선가게가 꽁치 10마리와 쌀 1kg의 교환을 타당한 교환비율이라고 생각했다고 하자. 그런데 고기를 원하는 쌀가게는 그렇게 생각하지 않는다. 쌀가게는 생선을 좋아하는 근처 집에라도 나눠줄 생각으로 꽁치 40마리와 쌀 1kg을 교환하자고 한다. 생선가게는 울며 겨자 먹기 식으로 거기에 응한다. 그 경우 생선가게는 원하는 쌀을 얻는 것 즉 사용가치의 실현을 교환가치의 실현보다 우선하고 거꾸로 쌀가게는 쌀 1kg의 교환가치 실현을 원하는 고기를 얻는 것 즉 사용가치 실현보다도 우선한다. 다른 말로 하면 쌀가게는 '파는 사람'의 입장을 '사는 사람'의 입장보다 우선한 것이다.

	사용가치	교환가치	
생선가게	○	×	꽁치 10마리 = 1kg의 쌀
쌀가게	×	○	꽁치 40마리 ⇆ 쌀 1kg이 되었을 때

화폐가 있다면 생선가게는 먼저 생선을 정육점에 팔고 거기서 얻은 화폐로 쌀가게에서 정당한 가치의 쌀을 살 것이지만 '판매'와 '구입'이 동시에 이루어지지는 물물교환에서는 그렇게 할 수 없다. '파는 쪽'의 입장과 '사는 쪽'의 입장은 모순되고 서로 배제하게 된다. 마르크스 문장의 '모든 상품들의 교환 과정은 서로 모순하고 서로 배제하는 모든 과정을 포함하고 있다'는 것은 그러한 의미이다. 또한 '상품의 발전은 이 모순들을 제거하는 것이 아니'라는 것은 상품의 발전에 의한 화폐 도입은 '파는 쪽'과 '사는 쪽'을 분리함으로써 물물교환의 불합리성을 해결하지만 '판매'와 '구입'이 시간적 공간적으로 떨어져 있기 때문에 충돌하지 않을 뿐 양자 사이에 서로 배제하는 관계가 없어지는 것은 아니라는 것이다.

이상의 것을 전제로 후반의 타원 궤도 이야기로 가보자. 문제는 상품의 교환에 내재하는 '서로 배제하는 관계'와 그 해결책으로서의 화폐의 도입을 설명하기 위한 예로 마르크스가 천체의 타원궤도를 인용한 것이다. 즉 물물교환에 있

어서 '사용가치의 실현'과 '교환가치의 실현'을 천체의 '낙하'
와 '날아가 버림'에, 화폐의 도입에 의한 '상품유통'을 천체의
'타원 궤도'에 빗대고 있는데 그 예가 적절한 것일까. 과연 천
체의 '낙하'와 '날아가 버림'은 '서로 배제하는' 관계인가?

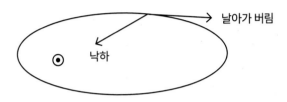

이 점에 대한 학계의 대표적인 견해는 다음과 같다.

마르크스가 '낙하하고 동시에 끊임없이 거기서부터 날아가 버린
다'고 말하는 것은 인력과 척력이 취하는 두 가지 반대 방향을 지
시하는 것이 아니라(왜냐하면 이 경우 척력이라는 현실의 힘은 존재하
지 않기 때문에) 중심력과 관성의 방향으로 봐야 할 것이다. 중심력
과 관성이라는 상호 배척하면서 매개되는 대립물의 통일로서 즉
모순의 현실과 해결로서, 타원 등의 형태에서 운동이 이루어진다.
일반적으로 뉴턴 역학에서는 관성과 힘을 운동의 기본적인 규정,
운동의 근거로 간주한다(예를 들어 진동은 관성과 복원력이 합쳐진
것이다 등등). 관성이란 역학적인 추상에 있어서 어떤 물체 그 자체
에 속하는 성질이고, 그 크기는 질량으로 측정된다. 힘이란 그 물

체와 다른 물체 사이에서 일어나는 상호작용에서 다른 물체의 작용에만 착목한 것(즉 상호작용을 타자성의 계기로 파악한 것)이다. 역학적 운동이란 관성과 힘의 통일로서 일어나는 것이고 여기서 관성과 힘은 서로에게 타자이고 서로 배척하면서 매개된다. 그러나 이 모순의 발전으로 새롭고 더 고차원적인 통일이 생성되는 것은 아니다.(이와사키 치카츠구岩崎允胤, 미야하라 쇼헤이宮原將平, 『현대물리학과 유물변증법』, 다이츠키서점, 1972, 87쪽)

결코 읽기 쉬운 문장은 아니지만, 요점은 아래의 세 가지다.

① 마르크스가 말하는 '낙하'는 중심력을, '날아가 버림'은 관성을 의미한다.

② 중심력은 '타자성'의 근거이고 관성은 '자신에게 속하는' 근거이다.

③ ②의 의미에서 중심력과 관성은 서로 배척한다.

물리학의 권위자인 미야하라(宮原)에게 내가 이의를 제기한다는 것도 우스운 일이지만 마르크스가 말하는 '날아가 버림'은 천체 운동이 아니다. 천체 운동이라 할 수 있는 것은 타원궤도뿐이고 마르크스가 '날아가 버림'이라고 말하는 것은 그 타원궤도의 변위를 미분한 '이론상의' 속도를 나타내는 데 지나지 않는다. 그 속도를 한 번 미분한 가속도는 바로 현실의 힘인 중심력 즉 인력에 대응하지만, 속도와 가속도가 서로 배척하는 것은 아니므로 '날아가 버림'과 '낙하'가 서로 배척하는 것은 아니다.

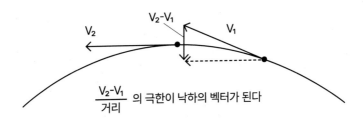

$\dfrac{V_2-V_1}{거리}$ 의 극한이 낙하의 벡터가 된다

이 경우 현실의 관성운동과 일치하려면 '날아가 버림'이 아니라 '날아들어 옴'이 되어야 한다. 운석이 지구의 중력권에 '날아들고', 대기권에 돌입하는 것이 아니라 그 바깥을 돌아 나갔다고 한다면 지구의 중력권에 '날아들' 때까지의 운석의 운동은 바로 현실의 관성운동이라고 해도 좋다. 그러나 마르크스는 그것을 문제 삼은 것이 아니다.

정리해 보자. 위에서 이와사키, 미야하라의 마르크스 해석의 ①②③은 각각 다음과 같은 문제가 있다.

① 마르크스가 말하는 '날아가 버림'은 타원운동의 변위를 미분한 '이론상'의 속도이지 현실의 관성운동은 아니다.

② 현실의 관성운동이라면 '날아가 버림'이 아니라 '날아들어

옴'이지만 마르크스는 그것을 문제 삼는 것이 아니다.

③ '날아가 버림'이 이론상의 속도라면 '힘=가속도'의 관계는 동일한 관수(속도)의 미분형(가속도)과 원래 관수의 관계이므로 서로 배척하는 것은 아니다.

2차 미분을 이해하지 못한 마르크스

아마도 마르크스는 뉴턴 역학에 있어서 2차 미분이 핵심이라는 것을 이해하지 못했던 것 아닐까.

마르크스에게는 독학으로 미분을 연구한 '수학수고'라는 노트가 있다. 마르크스가 미분의 중요성을 인식했다는 것은 분명하다. 잉여가치의 표현으로서 Δ, G 같은 기호를 사용한 것도 미분적 표현이다. 그러나 '수학수고'에는 2차 미분을 그 자체로서(테일러 1급수의 1항으로 등장하는 것 외에는) 검토했다는 흔적이 없다.

앞에서 검토한 『자본론』에서 타원 궤도의 예는 마르크스가 '날아가 버림'과 '낙하'의 관계를 1차 미분과 2차 미분의 관계에 있다고 생각하지 못했다는 것을 잘 보여준다. 1차 미분과 2차 미분은 차원이 다르다. '사용가치의 실현'과 '교환가치의 실현'처럼 같은 차원에 있으나 서로 배척하는 관계가 아니다.

2차 미분은 가속도의 계산방법이고 표현방법이기도 하

다. 그 가속도가 '힘'에 비례하는 것이 뉴턴 역학의 핵심이다. 그 핵심 부분을 이해하지 못한 것은 마르크스가 뉴턴 역학을 이해하지 못했다고 말할 수밖에 없다. 이것이 『자본론』의 평가를 크게 좌우할 수는 없지만 금후 『자본론』을 발전시키려고 할 때에는 문제가 될 가능성이 있다. 그 점은 나중에 더 다루어 보기로 하겠다.

3장

마르크스의 '국가'관, '과학'관과의 격투

1 │ 『자본론』의 국가관으로는 대응할 수 없는 현실

『자본론』은 역할을 할 수 있는가?

앞 장에서 말했듯이 『자본론』은 나에게 지극히 크고 결정적인 영향을 주었지만 다른 면에서 보면 20세기 후반의 현실에 대해서는 적어도 직접적으로는 역할을 하지 못한다는 것이 나의 실제 생각이었다. 그 후 노동조합의 『자본론』 학습회 강사로 초대되어 처음으로 『자본론』을 읽었을 때 "이것은 역할을 하지 못한다"고 느꼈음을 정직하게 말하자 청중으로부터 자신은 『자본론』을 읽었고 이것으로 사회를 바꿀 수 있다고 흥분했는데 아무 역할을 하지 못한다니 뭔 말인가!라는 규탄을 받았다. 물론 지금도 역할을 하지 못한다고 생각하는 게 아니라 처음에는 그렇게 생각했다는 것이지만 여기에는 다소 설명이 필요할 것 같다.

당시 나는 지역의 어린이 모임이나 성인 모임 지도, 법률상담 등의 조정 활동을 했다. 내가 지낸 곳은 야마사키시(山

崎市) 남부의 이케가미(池上)라는 마을이었다. 이 마을은 산업도로와 신일본제철(新日鐵, 신일철)의 선도공장에 끼어 있었다. 흙도 숲도 없는 곳으로, 주민의 90% 정도가 재일조선인이었다. 나는 다른 일을 할 수 없었기 때문에 어린이 모임 지도를 했던 건데 가장 큰 고민은 마을에 공원이 없어서 아이들이 놀려면 도로를 건너 옆 동네인 사쿠라 모토(櫻本, 여기도 재일조선인이 많은 것으로 알려져 있지만 이케가미보다 훨씬 환경이 좋은 곳이었다)의 공원까지 가야만 한다는 것이었다. 우리들은 이케가미에 있는 폐공장을 철거해서 공원을 만들자고 호소했다(이듬해에 이것이 실현되었다는 이야기를 들었을 때 참으로 기뻤다).

이렇게 말하면 신일철이라는 대자본의 자본축적 한편에 노동자와 그 가족이 열악한 주거환경에 놓이게 되고 그 저변에는 식민지에서 온 이민(마르크스 시대에는 아일랜드에서 이민자가 생겼다)자 재일조선인이 놓이게 된다는, 『자본론』의 세계 그 자체가 아니냐 하는 사람도 있을지 모르겠다. 그러나 나에게 이것은 『자본론』의 세계와 비슷하면서 다른 세계라는 인상이 강했다. 그 이유에는 민족문제의 복잡함이 있었다. 여기에는 북한계의 조총련과 남한계 민단 사이의 대립이 있었다. 파친코 경영으로 고수입을 얻는 주민은 북한계가 많아 북한이 노동자를 대표하고 남한이 자본가를 대표한다고는 볼 수 없었다. 또 하나는 환경문제다. 마르크스는 19세기 중반의 사상가로서는 예외적으로 자본주의가 사람과 자연의 물질순환을 파괴하는 데 주목하고 생태론의 선구적 연구를 한 학자였지만 시대적 한계도 있고 대기오염과 그 원흉인 자동차화(motorization, 자동차가 사회생활 속에 밀접하게 관련하여 광범위하게 보급된 현상)를 몰랐다. 이케가미에서 우리가 무엇보다도 '증오스럽다'고 생각한 것은 신일철의 선도공장이 아니라 고가 산업도로에서 마을로 내뿜어지는 자동차 배기가스였다.

민족문제와 환경문제의 근본적 원인인 국가

현대의 민족문제와 환경문제에서 '국가'를 빼놓고 생각할 수는 없다. 따라서 재일조선인의 존재 자체, 전시 일본의 국가정책이었던 강제연행을 빼고 말할 수 없고 20세기 후반 당시의 재일조선인이 놓여 있었던 분열 상황은 조선민주주의인민공화국과 대한민국에 의한 강한 정치적 간섭 없이 있을 수 없었다.

또한 현대 환경문제의 상징이라고도 할 수 있는 자동차의 배기가스 오염을 일으킨 것은 마구잡이식으로 번진 자동차의 폭발적인 유행과 그것을 지탱해 준 국가였다. 철도망 개발의 주체는 철도회사라고 해도 좋지만 자동차 도로망 개발의 주체는 국가다. 자동차를 만든 히틀러가 도로공사를 청부한 토건회사 사장 다나카 가쿠에이(田中角榮)가 1946년 수상 자리에 오른 것은 이 점을 빼놓고 설명할 수 없다.

야마사키시 남부의 이케가미에서 우리들이 체감한 모순은 신일철과 노동자의 모순(그것도 어느 정도는 틀리지 않지만)이라기보다는 산업도로에 의한 대기오염을 방치하고 한국과의 외교에 손해가 되는 유산에 손 대려고 하지 않는 '국가'와 이케가미에 사는 '주민' 간의 모순이었다.

『자본론』에 등장하는 국가와 현대국가의 거리

이렇게 말하면 이번에는 『자본론』에도 국가는 등장하고 그 국가의 본질은 엥겔스가 『가족, 사유재산 및 국가의 기원』에서 분명하게 하고 있으므로 그것을 이용하면 좋지 않을까라고 하는 쪽이 있을지도 모른다.

『자본론』에도 국가가 화폐의 도량표준(가령 1,000원을 0.75g의 금으로 하는 법적 규정을 말한다)의 설정, 주화(鑄貨)나 지폐 제조, 또한 공장법 같은 노동법 제정이라는 장면이 등장한다. 그 본질을 엥겔스가 서술하고 있는 '계급대립의 표현'으로서의 국가로 파악해도 오류는 아닐 것이다.

그러나 『자본론』의 주제는 어디까지나 자본(가)과 노동자 간의 모순이고 국가와 주민 간의 모순은 아니다. 『자본론』에 등장하는 국가는 자본(가)과 노동자 간의 모순, 말하자면 '결과'이지 모순의 '원인'은 아니다. 현대국가는 민족문제나 환경문제의 중요한 '원인' 중 하나다. 그러한 의미에서 『자본론』에 등장하는 국가와 현대국가 사이에는 큰 괴리가 있다고 말할 수밖에 없다.

2 | 계급대립의 '결과'인 고전적 국가로부터 계급대립의 '원인'인 현대국가로

우울증에 걸릴 정도로 고심한 국가관의 괴리

나도 처음엔 『자본론』에 등장하는 국가와 현대국가의 괴리는 양적인 거리이고 질적으로 다르다고는 생각하지 않았다. 그러나 양자를 본질적으로 다르지 않다고 생각하면 할수록 정신적으로 불안정해지고 모든 게 나쁜 쪽으로만 생각되었다. 내가 우울증에 걸린 걸까.

아무리 『자본론』이 위대해도 그건 어디까지나 이론이지 현실은 아니다. 이론을 현실보다 우선하면 정신에 이상이 생기는 것은 당연하다. 나는 이 국가관에 관해서는 마르크스의 이론이 현대에 어울리지 않는다고 생각했다. 그리고 앞에서 말한 현대의 국가는 민족문제, 환경문제의 '결과'가 아니라 '원인'이라는 사실에서 더 나아가 자본주의의 근본모순인 노동문제에 대해서도 현대의 국가는 '결과'가 아니라 '원인'이라고 생각하게 되었다. 민족문제, 환경문제와 노동문제를 원인이라고 복잡하게 생각할수록 우울증 상태가 점점 더 심해지고 정신이 피폐해지려고 했기 때문이다.

그리하여 현대국가를 계급대립의 '결과'가 아니라 '원인'으로 파악하게 되었는데 그 효과는 즉각적이어서 나는 우울증 상태에서 빠르게 벗어날 수 있었다. 정치학이나 역사학 분야의 국가론 전문가 입장에서 보면 이러한 나의 개인적 경험은 어떤 의미도 갖지 않을 것이다. 물론 나도 이러한 경험으로 학문 논증을 하려고 하는 것은 아니다. 다만 나는 지금까지 현대국가에 대한 나의 이러한 해석을 고칠 필요를 느끼지 못했다. 오히려 그렇게 생각하는 것이 이치에 맞다고 생각한 경우가 많았다.

차별을 만드는 교육,
계급을 없애려고 하지 않는 복지국가

문맹에서 오는 부당한 차별을 없애려고 시작한 교육이 언젠가부터 거대한 선별기구로 변하고 매일매일 새로운 차별을 낳게 된 것도 오래되었다. 이제는 사회가 그 기운에 마비되어 표면화되고 논의되는 일조차 적어지게 되었다. 하지만 차별문제는 줄어드는 학생수와 달리 날로 사교육 시장이 성장하고 과학고와 외고라는 고교 간 격차가 존속하는 것만 봐도 분명하다. 이러한 학력에 의한 차별이 직종에 따른 차별, 기업 간 격차에 의한 차별, 기업과 조직 내의 출세경쟁에 의한 차별의 기초가 되고 현대의(이렇게 말해도 좋다면) 계급대립을 지탱해 주고 있는 것에 의심의 여지가 없다. 그리고 이 교육이라는 거대한 차별 기구를 통솔하고 재생산하는 것이 문부과학성(우리의 교육부와 유사)을 중심으로 한 '국가'다.

또한 현대국가를 계급대립으로부터 분리된 복지국가로 파악하려고 하는 견해에 대해서도 한마디 하고 싶다. 북유럽으로 대표되는 복지국가가 노동시간의 단축과 경제성장의 양립, 여성의 사회진출, 아이 기르기와 돌봄의 사회화 등의 면에서 눈에 띄는 성과를 얻었다는 것을 부정하는 것은 아니다. 그러나 나는 그것이 유럽에서도 예외적으로 높은 노동조합 조직률(OECD 2004년 조사에 따르면 스웨덴 79%, 핀란드 76%, 덴마크 74%, 노르웨이 54%, 일본은 22%)에 의해 지탱되고 있다는 사실을 잊어서는 안 된다고 생각한다. 그리고 아마도 그것은 비교적 작은 인구 규모(스웨덴은 거의 도쿄 정도다)나 옛 소련과 근접했던 특수한 환경과 무관하지 않다. 그러한 특수한 사정이 없는 독일, 프랑스, 스페인 등은 오늘날 국가 분열에 요동치고 있다. 그러나 그 분열은 유럽형 복지국가 자체가 만들어 낸 것은 아니었을 것이다. 오히려 복지국가는 계급대립의 완화를 목적으로 하며 계급 그 자체를 없애려고 하지는 않는다고 나는 생각한다.

재정규모로 보는 현대국가의 성립

그러면 내가 말하는 계급대립의 '원인'인 현대국가는 언제 성립했는가? 현대국가를 복지국가로 규정하는 이론을 대표하는 가토 에이이치(加藤榮一, 일본 정치학자. 1932~2005)의 저서에 따르면 19세기부터 20세기에 걸친 영국, 독일, 미국에서 '정부 재정지출 총액 대비 GNP 비율(%)'은 다음과 같다.

	영국	독일		미국
1850년대	11.1			
1860년	10.7			
1870년	8.7	13.3		
1880년	9.1	9.9		
1890년	9.2	12.9	1890년	6.4
1900년	14.9	14.2	1902년	8.0
1915년	12.7	17.0	1913년	8.8
1925년	23.6	22.4	1922년	12.8
1935년	23.7	29.8	1932년	18.6
1940년	33.4	36.9	1942년	32.7
1950년	35.1	32.0	1952년	29.6
1960년	35.3	32.5	1962년	32.5
1970년	41.1	38.0	1972년	36.1

『현대자본주의와 복지국가』, 미네르바쇼보, 2006, 172쪽

앞의 표에서 내가 특히 주목하고 싶은 것은 1915년부터 1925년에 걸쳐 일어난 변화다. 이때 영국 재정 대비 GNP 비율은 거의 배가 되었다. 그리고 그 이후 이 비율은 올라가는 일은 있어도 내려가는 일은 없었다. 나는 양차 대전 사이에 국가의 '질'적 변화가 있었다고 본다. 직접적인 계기는 물론 1차 세계대전이라는 총력전이지만 나는 오히려 총력전의 결과로서 노동자계급이 부분적으로든 어떻든 권력을 장악한 사실이 결정적으로 중요하다고 생각한다. 노동자계급에 의한 권력 장악은 파리 코뮌이라는 앞선 예도 있지만 역시 러시아혁명에 의한 볼셰비키 정권의 성립이 효시가 되어야 한다. 그리고 그 노동자계급의 권력 장악은 독점자본주의 체제하에서도 바이마르공화국의 사회민주당 정권, 영국 노동당이 제1당이 된 제2차 맥도널드 내각과 연결된다.

마르크스의 시대에는 맞았던 마르크스의 국가관

이렇게 노동자계급이, 생산수단을 갖지 않는다는 의미에서의 무산자계급이 권력을 장악한 경우는 역사상 없었다. 양차 대전 기간에 일어난 국가의 변화는 그러한 역사적인 변화였다. 마르크스도 엥겔스도 그러한 변화를 체험하지 못했다. 앞 표에서 보듯이 마르크스가 살았던 19세기 전반기의 재정은 말 그대로 10% 재정이다. 양적인 면에서 봐도 당시의 국가를 하부구조인 경제에 의해 규정된 상부구조 혹은 계급대립의 '결과'로 파악해도 아무 문제가 없다.

즉 마르크스의 시대 그리고 아마도 그 이전 시대에서도 마르크스의 국가론은 맞았다. 마르크스의 국가론과 현대국가의 괴리는 마르크스에게 원인이 있는 것이 아니라 현대국가에 원인이 있는 것으로 봐야 한다.

3 | 마르크스의 '과학'관과 자연과학의 정합성

하향법 즉 분석의 논리와 자연과학

국가론, 국가관의 문제와 나란히 당시 나의 머리를 괴롭힌 문제는 마르크스의 '과학'관과 자연과학의 '정합성'이라는 문제였다. 마르크스는 자연과학의 방법과 경제학을 필두로 하는 사회과학의 방법이 동일해야 함을 강조했다. 그 점에서 양자의 방법적 차이를 강조한 막스 베버와는 크게 다르다.

마르크스가 말하는 '과학'의 방법이란 앞 장에서 말한 하향법과 상향법을 가리킨다. 이 중에서 하향법 즉 분석의 논리와 자연과학의 연관에 대해서 다룬 마르크스의 문장을 인용해 보자.

생물학과 하향법

성장한 신체는 <u>신체세포</u>보다 연구하기 쉽다. …… 부르주아사회에 있어서는 노동생산물의 상품형태 또는 상품의 가치형태가 경제적인 세포형태다. …… 이 형태의 분석에 쓸데없이 자세한 천착을 하고 있는 것처럼 볼 수 있지만 …… 그것은 바로 현미해부학(microscopic anatomy)에서 그러한 천착이 중요한 것과 같은 것이다.(밑줄은 인용자, 『자본론』 제1권, 초판 서문, 디츠판, 12쪽)

물리학과 하향법

물리학자는 자연현상을 그것이 가장 전형적인 형태로 또한 그것이 변수에 의해 교란되는 일이 가장 적은 상태로 나타나는 곳에서 관측하든가 혹은 가능하다면 과정의 순수한 진행을 보증하는 모든 조건에서 실험을 행한다. 내가 이 저서에서 연구하지 않으면 안 되는 것은 자본주의적 생산양식과 이것에 조응하는 생산관계 및 교역관계이다. 그 전형적인 장소는 지금까지도 영국이다. 이것이야말로 영국이 나의 이론적 전개의 주요한 예증으로서의 역할을 하는 이유다.(밑줄은 인용자, 상동)

마르크스의 이 문장은 『자본론』 안에서 전개되는 상향법, 하향법을 문제 삼고 있다기보다는 마르크스가 남긴 경제학비판의 6편 즉, 1. 자본 2. 토지 3. 노동 4. 국가 5. 외국무역 6. 세계시장-공황이라는 자본주의 체제의 문제점을 설명하기 위해 마지막 6번째인 '세계시장'에서 출발하여 첫 번째의 '자본'까지 '하향'한 과정을 문제로 삼고 있다고 생각하는 편이 알기 쉬울 것이다. 이 경우에 6. 세계시장과 5. 외국무역에 등장하는 영국 이외의 나라와 영국의 다른 특징을 출발점인 1. 자본에 있어서의 '변화'라고 파악하면 좋다.

더 나아가 마르크스에게는 수학과 하향법의 관계에 대해 언급한 문장도 있다.

수학과 하향법

본 장에서 행해지고 있듯이 상인이 모든 상품 구입에 투입하는 금액 이외에 미리 빌리는 마에카시(前貸, 가불. 생산 개시 전에 자금이나 생산수단을 빌려주는 것) 자본인 유통비 K를 제외하면 상인이 이 추가자본에서 거두는 추가이윤 △k도 물론 없어진다. 따라서 상인자본의 이윤 및 회전이 모든 가격에 어떻게 영향을 미치는지 살피는 경우 이것이야말로 엄밀하게 논리적이고 수학적으로 올바른 고찰방식이다.(밑줄은 인용자, 『자본론』 제3권 제 18장, 디츠판, 317쪽)

이렇게 마르크스는 자연과학의 방법이 사실상 그가 말하는 하향법에 따르고 있다는 것을 생물학, 물리학, 수학을 빌려 주장하고 있다. 그리고 그에 한해서는 마르크스의 주장을 수긍할 수 있다. 그렇다면 상향법은 어떤가.

본래 상향법이야말로 마르크스가 제시하는 과학적 방법의 핵심이다. 상향법에 의해 대상이 복원될 때 비로소 인식의 올바름이 확증되기 때문이다. 그런데 마르크스가 상향법과 자연과학의 관계에 대하여 언급한 문장은 찾지 못했다. 만일 자연과학이 상향법을 필요로 하지 않는다면 경제학 및 사회과학의 과학적 접근 방법인 하향법을 전제로 한 상향법은 자연과학의 방법과 다르게 될 것이고 사회과학에서 과학의 방법은 존재하지 않게 되고 말 것이다.

자연과학에 있어서 상향법적인 실험

그러나 자연과학의 경우에는 하향법이라고 해도 경제학의 '추상'처럼 머리로만 하는 조작이 아니라 하나하나가 완결된 '실천'이다. 변수요인인 마찰을 제거한다는 하향법적인 상황설정에 의해 행해진 관성운동의 실험=실천은 그것만으로도 과학적 인식을 구성한다. 그 점이 자연과학의 강점이다. 그러나 상향법적인 실험도 조금 행해지고 있고 그것은 그것대로 중요한 의미를 가진다. 세 가지 예를 들어보자. 첫번째 예는 위대한 뉴턴이 행한 실험이다.

(1) 뉴턴에 의한 백색광의 분해와 합성

앞 장에서도 말했듯이 마르크스가 말하는 하향과 상향은 분석과 종합이라는 관념적인 개념보다 '분해'와 '조립' 혹은 '합성'이라고 파악하는 것이 알기 쉽다.

뉴턴은 프리즘으로 백색광을 '분해'하여 7가지 색의 띠를 만들고 하얀빛은 색이 없는 것이 아니라 모든 색을 포함하고 있다는 것을 분명히 밝혔다. 이것을 하향법적 실험이라고 불러도 좋을 것이다. 그러나 뉴턴이 더 위대한 점은 '분해'한 7가지 색을 다시 '합성'해 하얀색을 만들어 냈다는 것이다. 이 '합성'의 조작을 상향법적 실험이라고 불러도 좋다고 나는 생각한다. 이 상향법적인 실험으로 백색광이 7가지 색으로 '분해'될 수 있을 뿐만 아니라 늘 7가지 색으로 '구성되어 있다'는 것을 분명하게 밝혔다.

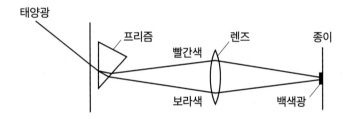

(2) 뵐러에 의한 요소의 합성

요소는 사람 및 육식동물의 몸 안에서 단백질이 분해될 때 생기고 오줌으로 배설된다. 1828년 뵐러(Wöhler)는 시안산암모늄(NH_4OCN)의 수용액을 가열하면 이성화(異性化)하여 요소가 생성되는 것을 발견했다.(『이와나미, 이화학사전, 제5판』, 이와나미쇼텐, 1998) 중요한 것은 순수한 동물의 유기물인 요소(CH_4N_2O)가 시안산암모늄에서 인공적으로 '합성 가능한 유기화합물'이었다는 사실이다. 이 요소의 생성실험은 '합성'의 과정을 포함한다는 의미에서 상향법적인 실험이라고 해도 좋고 그 후의 하버(Fritz Haber) 보슈(Carl Bosch)법 즉, 공기 중의 질소를 고정시켜 암모니아를 합성하는 방법과 캐러더스(Wallace Hume Carothers)에 의한 고분자 나일론의 합성으로 이어지는 합성화학의 시효가 됐다는 점에서도 중요하다.

(3) 가속기에 의한 소립자의 생성

(1)과 (2)는 마르크스가 살았던 시대까지 행해진 실험이지만 오늘날에는 분자를 넘어 소립자까지 만들어 내는 수준으로 진화하고 있다. 2008년에 노벨물리학상을 받은 고바야시 마코토(小林誠)와 마스카와 도시히데(益川敏英)가 1973년에 예언한 6가지 종류의 쿼크는 1994년에 가속기로 만들어졌다. 가속기는 전자와 양성자를 충돌시켜 그 에너지로 쿼크를 만드는 것이다. '파괴하는' 것이 아니라 '만드는' 것이므로 이것 역시 상향법적인 실험이라고 해도 좋을 것이다.

자연과학에도 적용할 수 있는 하향법과 상향법

자연과학에서는 하나하나가 완결된 실천인 '실험'이라는

방법이 있기 때문에 분석 즉 하향법만으로도 충분히 과학성을 담보할 수 있었다. 그러나 앞에서 본 것처럼 자연과학에서도 상향법적인 실천이 앞으로는 중요성을 더해 갈 것이다. 마르크스는 자연과학을 깊이 이해하고 있었다고는 말하기 어려운 측면이 있지만 하향법, 상향법을 합한 마르크스의 방법은 장기적인 시야에서 하향법적인 실험과 상향법적인 실험으로 나누어 생각해 본다면 자연과학에서도 관철되고 있는 것으로 볼 수 있다. 그러한 의미에서 하향법, 상향법은 사회과학만이 아니라 자연과학에도 적용시킬 수 있다. 나는 그렇게 생각하여 마르크스의 과학관을 긍정적으로 방어할 수 있게 되었다.

4 | 역사적 법칙의 우선순위

자연도태의 법칙을 거부하고 있는 인간사회

내가 고민했던 것은 마르크스가 말하는 인간사회의 발전 법칙과 다윈의 자연도태 법칙의 관계였다. 인간은 발달한 뇌를 갖고 있다는 점에서 다른 생물과 구별되지만 생물이라는 것은 변하지 않는다. 다른 생물과 마찬가지로 DNA에 지배받고 물질대사를 한다. 즉 인간도 생물 일반의 법칙에 따르는 것이다.

그런데 만일 이 논리를 기계적으로 적용하여 인간사회도 다윈의 생물진화의 법칙, 즉 자연도태 법칙에 따른다고 생각하면 무서워진다. 열등한 유전자를 가진 사람이 도태되는 것은 당연하고 장애인에 대한 복지제도 등은 사회진보를 지연시키는 반동적인 정책이 될지도 모른다.

그러나 인간도 인간사회도 자연도태 법칙에 역행하며 살아왔던 것은 아닐까. 원래 인간은 열등한 유전자를 가진 원

인류(침팬지와 인류의 공통조상)로 살아왔다고 해도 좋다. 두개 골만으로 침팬지와 인류를 분간하려면 송곳니에 주목해야 한다고 한다. 인류의 송곳니는 침팬지보다 아주 짧다. 원 인류의 암컷 획득을 둘러싼 수컷들의 싸움에서 송곳니가 짧은 인류는 압도적으로 불리했다. 당연히 암컷을 쟁취할 수 없고 본래대로라면 그 열등한 유전자는 일대(一代)에서 끝났어야 할 것이다.

아마추어에 지나지 않는 내 멋대로의 추측이지만 여기서 원 인류가 사랑하는 연인을 위해 그리고 그 자신의 유전자를 남기기 위해 나중에 손이 되는 앞발로 '돌'을 잡았다고 생각 한다. 이 '돌'이야말로 도구의 원형이다. 그리고 돌로 상대방 의 송곳니와 싸운 원 인류는 암컷을 쟁취하고 유전자를 남김 과 동시에 이윽고 온종일 돌을 잡을 수 있도록 이족보행하지 않았을까? 물론 어떤 물증도 없지만 나는 그렇게 생각한다.

그러나 두 발로 걷는 것은 정글에서의 수상생활에는 적 합하지 않다. 원 인류는 사바나로 나갈 수밖에 없었다. 사바 나에서는 육식동물을 경계하면서 식량을 확보하지 않으면 안 된다. 그런데 다른 초식동물처럼 청각이나 시각이 발달하 지 않은 원 인류는 육식동물에 대한 견제와 식량 확보를 동 시에 신경 쓰기가 곤란했을 것이다. 먹을 것을 찾으려고 하 는 사이에 습격당하기 때문이다. 여기서부터 어떤 물증도 없 는 나의 추측이지만 이 두 가지 작업을 동시에 하는 것이 어렵기 때문에 육식동물에 대항하는 부대와 식재료를 확보하는 부대로 나누는 최초의 분업이 발생했던 것은 아닐까. 그 분업은 더 세분화하면서 다양한 지혜가 축적된다. 이윽고 그러한 지혜를 기억하고 차세대에 전달하는 역할을 노인이 담당하게 된다. 아마도 이리하여 인류는 늙고 약해진 개체를 버리거나 죽여서 먹지 않고 할 수 있는 만큼 살리는, 다른 생물에는 없는 '사회'를 구성하는 데 이르렀던 것이다. 즉 여기서도 인류는 자연도태 법칙에 역행했다.

그리고 이 과정은 현대까지 지속되고 있다. 법치국가의 성립에 의해 사적 살해나 폭력은 금지되었다. 20세기가 되면서 많은 나라가 헌법에 '생존권'을 명기했다. 또한 약육강식의 경쟁 원리에는 많은 사회적 제약이 존재하는 것처럼 현대에는 역행현상이 더욱 눈에 띈다. 인류사회는 분명히 자연도태에 역행하여 발전했다.

엔트로피 증대법칙에 역행하여 진화한 생물

생각해 보면 '불가역적'이라는 의미에서 '역사적 법칙'에 역행하는 것은 다른 생물도 마찬가지이다. 생물은 엔트로피 증대법칙이라는 물리법칙에 역행하여 진화하고 있기 때문이다. 엔트로피를 간략하게 설명하면 '무질서의 정도'라는 것이다. 따라서 엔트로피 증대의 법칙이란 모든 물리현상이 더

무질서한 쪽으로 진행한다는 것을 뜻한다. 물을 분해하여 원소로 돌리는 것은 쉽지 않다. 어지럽히는 것은 간단하지만 정돈하는 것은 쉽지 않다.

그런데 지구에는 태양광이라는 질서 덩어리 같은 에너지가 내리쬐고 그것을 최대한으로 활용함으로써 생물은 단세포생물로부터 다세포생물로, 무척추동물에서 척추동물로 더 고도의 질서를 갖는 개체로 진화해 왔다. 물론 우주 전체에서 보면 엔트로피 증대법칙은 관철되고 있다. 다만 지구의 지각, 그리고 다른 일부에 존재하는 생물계는 그 법칙의 적용에서 제외되어 특수영역을 형성했다.

역사 법칙에 역전하는 우선순위

이상에서 나는 역사 법칙에서는 비역사적인 법칙의 우선순위가 역전한다고 생각하기에 이르렀다. 그렇게 생각하는 쪽이 이치에 맞다. 마르크스 시대보다 훨씬 더 생물학도 인류학도 진보했고 파시즘의 시대와 그것을 초월하기 위한 '생존권'의 확립을 경험한 인류가 마르크스의 고찰을 이렇게 추진해 나가도 부자연스럽지 않다고 생각한다.

4장

우노 공황론과
대학원 진학

1 │ 우노 고조 『경제원론』의 충격

매력적이었던 사토 긴자부로 선생의 강의

경제학부 3학년이 되자 세미나에 소속될 수 있었고 농업 세미나에 들어갔다. 나는 기존의 활동과 지역연구를 따라 해서인지 평판은 좋았지만 성적이 매우 나빴기 때문에 교수가 신임이어서 그랬는지 희망자가 적었던 세미나에만 들어갈 수 있었다.

담당 교수에게는 매우 성가셨겠지만 당시 나의 관심은 국가론, 과학론 같은 추상적인 문제에 집중되어 있었기 때문에 모처럼의 세미나에도 흥미가 생기지 않는 것뿐이었다.

그런데 내 성적이 아주 나빴던 이유는 철저하게 강의를 보이콧하며 성실한 학교 생활을 하지 않았기 때문이다. 기존의 활동으로 바쁜 탓도 있었지만 제2장에서 말한 것처럼 근대경제학 입구에서 좌절하고 마르크스 경제학도 『자본론』을 스스로 다 읽을 때까지 태도를 유보했기 때문에 강의를 들어도 머리에 들어오지 않았다.

그러나 『자본론』을 다 읽고 마르크스 경제학에 강한 관심을 갖게 된 후부터 상황이 변했고 절반 정도의 강의에 흥미를 갖게 되었다. 그래도 나의 관심이 지극히 추상적인 문제에 향해 있었던 탓인지 계속 출석하고 싶은 강의는 좀처럼 나타나질 않았다.

그런데 사토 긴자부로(佐藤金三郞) 선생의 『경제학방법론』 강의를 들은 후 그때까지 없었던 감동을 느꼈다. 그 감동을 말로 하면 '학문창조의 생중계를 귀로 듣는 듯한 감동'이라고 해야 할 것 같다. 만약을 위해 말한다면 연구라는 학문창조 그 자체에 대한 감동은 아니다. 어디까지나 그 생중계를 귀로 들은 감동이다. 그런 의미에서 내가 감동한 것은 사토 긴자부로 선생의 연구활동이 아니라 교육활동이었다.

사토 긴자부로 선생에게 들은 우노 고조 원론의 충격

선생은 당시 마르크스 경제학을 이른바 우노宇野파, 시민사회파, 정통파의 삼자 분립, 세 파의 상황으로 파악하여 자신을 '말 그대로의 정통파'로 위치 지우고 각 파의 문제점을 종횡무진으로 닥치는 대로 논박했다. 그 논박의 자리는 무엇이든 재미있었지만 모든 반론의 밑바닥에는 논리전개와 역사의 발전을 중첩시켜 이해하려고 하는(업계용어로 말하면 '논리=역사'설로 불리는 사고방식) 철저한 '논리'설의 입장에서 비판하는 방법론이 있었다고 생각한다.

우노파가 어쨌든 시민사회파로 규정되는 것을 단박에 깨달은 사람이 현재로서는 적을지도 모르겠다. 그러나 시민사회파는 소련의 권위가 절정에 있었던 동서 냉전기에 '소련에는 시민사회가 없다. 그것은 마르크스가 목표로 한 사회주의가 아니다'라고 잘라 말한 학자그룹이라고 하면 어울리지 않을까. 선생은 시민사회파의 그러한 정치적인 함의에는 공감하면서도 『자본론』 앞부분인 상품론에 독립자영농민, 직인으로 이루어지는 '시민사회'를 넣으려고 하는 해석에는 부정적이었다.

선생이 가장 비판적이었던 것은 역시 우노 이론이었다. 나는 그 선생의 우노 비판을 멀리하면서 우노 이론 그 자체에 강한 관심을 가졌다. 그것은 참으로 충격이라 할 수 있었다. 그것은 '이런 것을 생각해도 좋다'라고 하는 어떤 종류의 해방감을 동반한 놀라움이었다.

우노 이론의 어떤 점에서 해방감을 느꼈는가 하면 그것은 바로 '『자본론』의 편별 구성, 장별 구성을 자유롭게 바꿀 수 있다'는 점이었다. 『자본론』과 우노 고조(宇野弘蔵)『경제원론』의 편별 구성, 장별 구성을 나란히 비교해 보자.

마르크스 『자본론』	우노 고조 『경제원론』
제1권 자본의 생산과정	제1부 유통론
제1편 상품과 화폐	제1장 상품
제1장 상품	제2장 화폐
제2장 교환과정	제3장 자본
제3장 화폐 혹은 상품유통	
제2편 화폐의 자본으로의 전환	
제4장 화폐의 자본으로의 전환	
제3편 절대적 잉여가치의 생산	제2편 생산론
제5장 노동과정과 가치증식과정	
제6장 불변자본과 가변자본	제1장 자본의 생산과정
제7장 잉여가치율	제1절 노동생산과정
제8장 노동일	제2절 가치형성증식과정
제9장 잉여가치율과 잉여가치 총량	제3절 자본가적 생산방법의 발전
제4편 상대적 잉여가치의 생산	
제10장 상대적 잉여가치의 개념	
제11장 협업	
제12장 분업과 매뉴팩처	
제13장 기계설비와 대공업	
제5편 절대적 및 상대적 잉여가치의 생산	
제6편 임금	
제7편 자본의 축적과정	
제21장 단순재생산	
제22장 잉여가치의 자본으로의 전환	
제23장 자본주의적 축적의 일반법칙	
제24장 이른바 본원적 축적	
제25장 근대적 식민이론	

제2권 자본의 유통과정	제2장 자본의 유통과정
제1편 자본의 변태들과 그들의 순환	제3장 자본의 재생산과정
제2편 자본의 회전	제1부 단순재생산
제3편 사회적 자본의 재생산과 유통	제2부 확대재생산
제18장 이론들	제3부 사회적 자본의 재생산과정
제19장 대상에 대한 종래의 서술들	
제20장 단순재생산	
제21장 축적과 확대재생산	
제3권 자본주의적 생산의 총 과정	제3편 분배론
제1편 잉여가치의 이윤으로의 전환	제1장 이윤
및 잉여가치율의 이윤율로의	제1절 일반적 이윤율의 형성
전환	제2절 시장가격과 시장가치
제2편 이윤의 평균이윤으로의 전환	제3절 일반적 이윤율의 저하의
제3편 이윤율의 경향적 저하법칙	경향
제4편 상품자본 및 화폐자본의	제2장 지대
상품거래자본 및 화폐거래자	
본으로의 전환	제3장 이자
	제1절 대부자본과 은행자본
제5편 이자와 기업가 이득으로의	제2절 상업자본과 상업이윤
이윤, 분열, 이자 생산 자본	제3절 그 자신에게 이자를 낳는 것
	제4절 자본주의사회의 계급성
제6편 초과이윤의 지대로의 전환	
제7편 모든 수입과 그 원천인 자본	

    우노 『경제원론』의 구성에서 무엇보다도 눈길을 끄는 것은 『자본론』 제1권 '자본의 생산과정'의 상품, 화폐, 자본이 '생산과정'으로부터 유리되어 '유통론'으로 독립해 있다는 것, 『자본론』 제1권의 나머지 부분이 『자본론』 제2권

'자본의 유통과정'과 합해져 '생산론'이 되어 있다는 것이다. 이것을 처음 발견했을 때 정말로 놀랐지만 그대로 납득할 수 있다고 느꼈다. 마르크스 자신이 『자본론』 제1권 제4장 '화폐의 자본으로의 전환' 최후에서 "이 …… 유통부문을 떠나 …… 생산이라는 숨겨진 장소로 들어가려고 한다"고 이야기하고 『자본론』 제2권 '자본의 유통과정'이 생산과정을 포함하고 있기 때문이다. 즉 우노 고조의 『경제원론』이 『자본론』의 편별 구성, 장별 구성을 크게 바꾸었지만 소위 '상향'의 순서를 크게 바꾼 것이 아니어서, 나에게 위화감은 없었다. 오히려 마르크스가 '유통부문'이라고 말한 상품, 화폐, 자본을 '생산과정'에 포함시킨 것은 왜 그런가, 라는 소박한 의문을 소홀히 하지 않은 것이라 이 부분에 호감을 느꼈다. 그러나 결국 우노 이론을 전체적으로 받아들일 수는 없었다.

2 | 받아들이기 어려웠던 '논리'와 '역사'의 분석

'역사적 변화'를 배제하는 우노 원론

제1장, 제2장에서 말한 대로 내가 경제학부에 진학한 목적은 경제현상이 물리현상과 달리 역사적으로 변화하기 때문에 '수식을 사용하는 경제학'→'역사적으로 변화하는 경제현상'→'역사학'이라는 루트를 통해 '사물의 역사적 서술을 읽을 수 없다'는 난독증을 극복하는 것이었다. 이를 위해서는 경제학이 '역사적 변화'를 다루지 않는다면 곤란하다. 다행히도 『자본론』에 체현된 마르크스 경제학은 '수식을 사용하는' 데까지는 가지 않지만 '수식적 논리'를 다루는 경제학이고 또한 논리적 전개 후에 반드시 역사적 변화에 따른 총괄을 서술하는 스타일이었기 때문에 참으로 내가 바라는 경제학의 조건을 만족시켰다.

그런데 우노 고조의 『경제원론』은 『자본론』과 달리 '역사적 변화'를 대상에서 배제하는 방법론을 취하고 있었다.

이 점에 관한 우노 자신의 설명을 인용해 보자.

> 예를 들면, 『자본론』 제1권 제24장 이른바 '본원적 축적'의 제7절 '자본주의적 축적의 역사적 경향'에서 전개되고 있는 소위 자본주의 붕괴론 같은 것은 원리론적으로 전개되고 논증될 수 있는 것이 아니다. 자본주의에서 사회주의로의 전환은 자본주의 경제의 원리와 무관하다 말할 수 없다고 해도 원리적으로 해명되는 모든 현상처럼 반복해서 나타나는 것이 아니고 또한 원리론 같은 추상적인 규정으로 끝낼 것도 아니다. 실은, 이 '본원적 축적'의 장이 이미 원리론으로서의 체계 밖으로 나간 것이다. 『자본론』에서도 제1권 축적론의 보론으로써 논해지고 있는 것이 그 점을 나타낸다고 봐도 좋다.(밑줄은 인용자, 우노 고조, 『경제학방법론』, 도쿄대출판회, 1962, 36쪽)

여기서 우노가 '원리적으로 해명되는 현상', '반복해서 나타나는 것'에 한정시키고 있다는 점에 주의하고 싶다. 우노가 말하는 '반복해서 나타나는 현상'이란 바로 뉴턴 역학이 다루는 현상과 같은 '비역사적인' 현상이다. 나는 그 '비'역사적인 현상에 국한된 사고양식에서 벗어나고 싶어서 경제학을 공부하려고 했기 때문에 우노 이론의 세계는 나에게 위험한 '함정'으로 여겨졌다. 실제로 우노 이론의 세계는 일단 빠져들면 자신이 싫어질 정도로 기분이 좋았다. 그러나 우노의 체계는 '비'역사적인 현상을 추상적으로 다루는 원리론과 거기에서 배제된 역사적인 현상을 형태론적으로 취급하는 단계론, 양자를 합쳐 구체적인 현실을 분석하는 현상 분석의 3단계로 이루어져 있다. 원리론으로부터 유리되어 단계론 및 현상 분석의 세계를 들여다본 순간 꿈에서 깬 것처럼 내가 힘이 없음을 뼈저리게 느꼈다. 단계론의 문헌도 현상 분석의 문헌도 '사물의 역사적인 서술'인 탓에 나에게는 역시 읽히지 않았다.

나에게는 읽히지 않았던 우노의 '경제정책론'

우노의 『경제원론』은 재밌고 즐겁게 읽었지만 그의 다른 책인 『경제정책론』은 한 페이지도 제대로 읽을 수 없어 나 스스로가 한심했다. 나의 '삐뚤어진' 독해력을 다시 들이대었던 탓이다. 다만 『경제정책론』의 결론 정도는 이해할 수 있었다. 결론을 이끄는 역사적 서술을 읽을 수 없으니, 이해했다고 할 수 없다고 한다면 동의한다. 하지만 책을 읽지 않고도 이해할 수 있었던 결론의 내용이 재미있다고 생각했다. 우노의 『경제정책론』 목차는 다음과 같다.

서론

제1편 중상주의

　제1장 발생기의 자본주의

　제2장 상인자본으로서의 영국 양모공업

　제3장 중상주의의 경제정책

제2편 자유주의

　제1장 성장기의 자본주의

　제2장 산업자본으로서의 영국 면공업

　제3장 자유주의의 경제정책

제3편 제국주의

　제1장 난숙기의 자본주의(제1절 …… 중공업에 있어서 고정자본

　　의 거대화……)

　제2장 금융자본의 모습

　제3장 제국주의의 경제정책

　목차를 보는 것만으로도 주도산업(양모공업, 면공업, 중공업)을 장악한 지배적 자본(상인자본, 산업자본, 금융자본)이 경제정책을 대표하는 무역정책(중상주의, 자유주의, 제국주의)을 규정하는 구도가 간파된다. 그것만으로 훌륭한 체계라고 볼

수 있다. 중요한 것은 우노가 『경제정책론』 '제3편 제국주의'에 레닌의 『제국주의론』 내용을 포함시킴으로써 『자본론』과 『제국주의론』 양쪽을 하나의 체계 안에 위치시켰다는 점이다. 이것은 마르크스 경제학자 누구도 성공하지 못했던 것으로서 이른바 우노의 '공적'이라고 해도 좋다. 이것에 대해서는 나중에 한번 더 다루고 싶다.

역사서를 읽을 수 있게 되는 것이 우선

결국 내게 체계의 참신성으로 첫 충격을 준 사람은 우노 고조였지만 대상으로부터 '역사적 변화'를 배제한 『경제원론』을 몇 번이고 들여다봐도 나는 역사서를 읽을 수 없었다. 그리고 우노의 『경제정책론』을 시발로 한 단계론은 본래부터 '역사적 기술'로 읽을 수 없었기 때문에 결국 『자본론』에 입각한 원형으로서의 마르크스 경제학으로 되돌아갈 수밖에 없었다.

다만 홧김이긴 하지만 개인적인 역량부족을 제쳐두고 말하자면 우노의 '경제정책론'에 있어서 '경제정책'이란 과거의 역사적 사실로서의 경제정책일 뿐 현재의 통치 주체에게 '이래서 이렇게 해야 한다'고 주장하는 경제정책은 아니다. 이런 의미에서는 '경제정책사'라고 제목을 달아야 할 저서이다. '경제정책론'이라는 제목에서 약간의 가식을 느낀

것도 우노의 체계에 매몰되지 않았던 이유 중 하나일지 모
르겠다.

3 │ 우노 공황론의 공과

'정통파' 공황론(상품 과잉설)에 대한 의문

이상의 경위에서 나는 우노파에 관심을 가지면서도 '정
통파'(이하 참된 정통파인지 아닌지 매우 의심스럽다는 것을 전제로
작은따옴표를 생략하기로 한다)의 입장에서 공부하려고 생각했
다. 정점을 지났다고는 하지만, 1970년대 당시에도 여전히
활발하게 이루어진 우노파와 정통파의 논쟁은 그것대로 재
미있었다.

정통파가 자기야말로 마르크스의 진의를 대변하고 있다
고 주장한 것에 대하여 우노파는 자신은 마르크스와 다르다
고 명언하면서 자신의 이론을 주장하며 경쟁했다. 결론의 시
비와는 별도로 나는 우노파에 순수함을 느꼈다. 자신의 이론
이 마르크스와 다르다고 인정하는 것은 적어도 당시에는 '반
마르크스'라는 이데올로기적 낙인을 각오하지 않으면 안 되
었기 때문이다. 위에서 말한 대로 우노 원론의 자기 완결된

세계에서 실례되는 말이긴 하나 나는 이 주장에 어떤 마약과 흡사한 위험을 느끼고 있었다.

다만 거의 모든 논쟁에서 그런 것처럼 정통파가 우노파보다 마르크스에 가까운 입장을 취했음에도 불구하고 나는 공황론만큼은 우노파 쪽이 마르크스에 더 가깝다고 생각했다. 여기서 정통파 공황론이라고 칭해진 '상품과잉설'과 우노파 공황론의 대명사이기도 했던 '자본과잉설'을 도식적으로 조명해 보자.

'상품과잉설'에 의한 공황 발생 메커니즘

호황기	→	호황 말기	→	공황
제1부문의 자립적 발전 (1c 부문 내 전태轉態 확대)		대중의 협애한 소비한계에 제한된 제2부문과 제1부문 간의 불균형 확대(생산과 소비의 모순)		균형의 파괴 은폐된 모순의 폭발

우노파의 '자본과잉설'에 의한 공황 발생 메커니즘

호황기	→	호황 말기	→	공황
요코 축적(자본구성 불변의 축적)에 의한 생산 확대와 고용확대 (더 나아가 불황기와는 반대로 다테 축적에 의한 '합리화'가 진행된다)		고용확대에 동반하는 임금상승에 의한 이윤압축, 이윤율 저하, 이윤율의 저하를 이윤량의 확대로 보충하지만 이로 인한 이자율의 상승(밑줄 부분은 마르크스도 강조)		자본의 절대적인 과잉 (추가 투자가 이윤을 낳지 않는 상태)에 의한 신용파탄 = 공황

마르크스 경제학의 용어에 익숙하지 않은 사람에게는 몹시 난해하게 보일 수 있겠지만 그렇게 어려운 것을 말하고 있는 것은 아니다. '상품과잉설'이란 요컨대 '상품이 팔리지 않기' 때문에 공황이 일어난다는 이론이고 '자본과잉설'이란 '무엇을 해도 돈이 되지 않기 때문에 공황이 일어난다'는 이론이다. 또한 제1부문이란 생산수단과 생산부문을, 제2부문이란 소비수단과 생산부문을 지칭하고 1c 부문 내 전태란 ○○중공업이 발전기를 △△전력에 팖과 동시에 △△전력도 ○○중공업에 전기를 파는 관계를 말한다. 이 생산자들의 관계가 당면 소비재생산과는 독립적으로 발전한다는 것을 제1부문의 자립적 발전이라고 부르는 것이다.

자본과잉설에 가까운 마르크스의 공황론

요점은 두 개다. 첫 번째는 ①호황 말기에 임금이 낮아서 공황이 되는가, 임금이 높아서 공황이 되는가 하는 점, 두 번째는 ②상품과잉이 공황의 본질적 요인이고 자본과잉이 그 현상 형태인가, 거꾸로 자본과잉이 공황의 본질적 요인이고 상품과잉이 그 현상인가 하는 점이다.

①은

상품과잉설　　노동력의 가격　＜　노동력의 가치

자본과잉설　　　노동력의 가격　　>　　노동력의 가치

로 도식화할 수 있다.

②는

상품과잉설　　　　상품과잉　　→　　자본과잉

자본과잉설　　　　자본과잉　　→　　상품과잉

으로 도식화할 수 있다. 그런데 마르크스는 이것들에 대하여 어떻게 서술하고 있을까.

①에 대한 마르크스의 서술은 다음과 같다.

모든 공황이 지불 능력 있는 소비의 부족 또는 지불 능력 있는 소비자들의 부족에서 생긴다는 것은 순전한 동어반복이다 …… 모든 공황은 언제든지 임금이 전반적으로 상승하여 노동자계급이 연간 생산물의 소비로 예정된 부분 이상의 몫을 실제로 받을 때 비로소 준비된다 …… (밑줄은 인용자, 『자본론』 제2권, 디츠판, 409쪽)

여기서 마르크스가 임금과 공황의 관계에 관하여 서술하고 있는 것이 바로 자본과잉설의 설명과 같다. 더 나아가 이 문장이 상품과잉설이 의거하고 있는 다름 아닌 재생산표식론에 위치해 있다는 것을 강조하고 싶다.

②에 대한 마르크스의 서술은 다음과 같다.

불변자본과 불변자본 사이에도 항상적인 유통이 이루어지고 이 유
통은 개인적 소비에 들어가는 한 결코 개인적 소비와 관계없지만
그럼에도 불구하고 종국적으로 개인적 소비에 의해 한계 지워진
다 …… 즉 이것은 종종 기대수요에 자극받아 평온하게 진행될 수
있고 …… 사업은 상당히 좋은 경기를 타고 진행된다 …… 상인
들의 자본 회전이 완만하게 되어 …… 어음이, 모든 상품의 전매
가 이루어지지 않는 사이에 만기가 됨으로써 공황이 도래한다.(『자
본론』 제3권, 디츠판, 316-317쪽)

여기서 마르크스가 말하고 있는 것은 상품과잉설로 설
명되는 공황론의 틀 그 자체이다. 문제는 그것이 『자본론』
제3권 제18장 '상인자본의 회전, 가격'에서 서술되고 있는
것이다. 자본과잉설과 거의 동일한 틀로 서술되고 있는 것은
『자본론』 제3권 제3편 '이윤율의 경향적 저하법칙' 제15장
'이 법칙의 내적인 모든 모순들의 전개'에서이기 때문에 분명
히 마르크스는 '자본과잉→상품과잉'이라는 논리 전개를 생
각하고 있었던 것이 된다. 즉 ②에서도 마르크스의 견해는
자본과잉설과 똑같다.

우노 공황론의 문제점

그러면 우노의 공황론과 마르크스의 공황론이 동일한 것인가, 라고 말한다면 물론 그런 것은 아니다. 양자는 적어도 두 가지 점에서 크게 다르다.

먼저 마르크스는 우노처럼 ① '호황기는 요코 축적이 중심'이라고 상정하지 않는다. 더 나아가 그것과 연관되지만 무릇 마르크스는 우노처럼 ② '자본주의의 기본 모순은 노동력의 상품화'라고 생각하지 않는다. 각각에 대해 확인해 보자.

① 요코 축적*을 위해서도 다테 축적**이 필요하다―마르크스

---

* 횡(가로)으로의 축적, 외연적(조방적, 粗放的, 땅을 넓게 쓴다) 축적(extensive accumulation), 자본의 유기적 구성 불변의 축적, 자본의 유기적 구성(C/V), 주류경제학 용어로는 자본집약도(K/L)가 종전과 동일한 상태로 유지되면서 자본이 축적되는 것, 즉 자본 규모(생산 규모)가 외연적으로 확장되는 것, 자본축적에 따라 노동자 고용이 증대됨.

** 종(세로)으로의 축적, 내포적(집약적) 축적(ntensive accumulation), 자본의 유기적 구성의 고도화 축적, 자본의 유기적 구성(C/V), 주류경제학 용어로는 자본집약도(K/L)가 이전에 비해 고도화(증대)되면서 자본이 축적되는 것, 즉 자본 규모(생산 규모)가 확장되는 것, 기계화 정보화를 특징으로 하는 다테 축적에서는 자본축적에 따라 노동자고용이 상대적으로 감소하고 절대적으로 감소할 수도 있음.

『자본론』 제1권 제10장 '상대적 잉여가치의 개념'에서 마르크스는 특별잉여가치를 다음과 같이 서술하고 있다.

> 개별자본의 생산력 증대 결과, 하루 노동의 생산물을 팔기 위해 그는 두 배의 판로를 즉 두 배 크기의 시장을 필요로 한다. <u>다른 사정이 똑같다면 그의 모든 상품은 가격 인하에 의해서만 더 큰 시장을 획득한다.</u> 그래서 그는 그 모든 상품들을 개별적 가치 이상으로 그러나 사회적 가치 이하로 …… 팔 것이다.(밑줄은 인용자 『자본론』, 디츠판, 336쪽)

이 문장은 전체적으로는 '다테 축적을 위해서는 요코 축적이 필요하다'는 것을 말하고 있지만 밑줄 친 부분만을 보면 '요코 축적을 위해서도 다테 축적이 필요하다'고 서술하고 있는 것처럼 읽을 수 있다. 어떤 것이든 마르크스는 우노처럼 요코 축적과 다테 축적을 구분하지 않고 있다.

② 기계설비의 충용充用에는 한 가지 내재적 모순이 있다—마르크스

『자본론』 제1권 제13장 '기계설비와 대공업'에서 마르크스는 다음과 같이 말하고 있다.

> 잉여가치의 생산을 위한 기계설비의 충용에는 한 가지 내적 모순

이 있다. 즉 기계설비는 주어진 크기의 자본과 주어지는 잉여가치의 두 가지 요인 중 한쪽 요인 즉, <u>노동자수를 감소시킴(1)으로써</u>만 다른 한쪽 요인 즉, <u>잉여가치율을 증가시키기(2)</u> 때문이다. 이 내재적 모순은 하나의 산업 부문에 있어서 기계설비의 보급에 따라 기계로 생산되는 상품의 가치가 같은 종류의 모든 상품의 규제적인 사회가치가 되자마자 바로 나타나게 된다. 그리고 이 모순이 <u>상대적인 잉여노동의 증식만이 아니라 절대적인 잉여노동의 증가에 의해서도 착취되는 노동자의 상대적 총수의 감소를 메우기 때문에(3),</u> 노동의 더할 나위 없는 난폭한 연장으로 자본을 또다시 몰아세운다.(밑줄은 인용자, 『자본론』, 디츠판, 429-430쪽)

밑줄 친 부분 (1)은 유기적 구성의 증대에 의한 이윤율의 저하를 암시하고 밑줄 친 부분 (2)는 특별잉여가치의 증대 또는 상대적 잉여가치의 증대에 의한 이윤율의 상승을 암시한다. 그리고 밑줄 친 부분 (3)은 이윤'율'의 감소를 이윤'양'의 증대로 메꾸려고 하는 자본의 운동을 암시한다. 즉 마르크스는 『자본론』 제1권의 기계를 논하는 장에서 미리 『자본론』 제3권의 '이윤율 경향적 저하법칙', 특히 공황을 논하고 있는 것이다. 이것이 바로 마르크스가 자본주의의 기본적인 모순으로 인식하고 있는 것이라고 나는 생각한다. 무릇 우노가 말하는 '노동력의 상품화'에는 생산력이 들어가 있지 않기 때문에 마르크스가 말하는 노동력의 상품화, 생산력과 생산

관계의 모순을 우노파가 자본주의의 기본모순으로 생각하고 있을 리는 없는 것이다.

4 │ 공황론을 연구하기 위해 대학원 진학 결심

공황론에 있어서 우노파−정통파의 대항축의 왜곡

이렇게 우노의 공황론과 마르크스의 공황론 간에는 큰 차이가 있지만 나는 정통파의 상품과잉설보다는 우노의 자본과잉설 쪽이 상대적으로 마르크스에게 가깝다고 확신했다. 그러나 우노파는 마르크스와의 차이를 강조하면서 마르크스와의 공통성에는 주목하지 않았고 정통파는 어떠한 자본과잉설도 반(反)마르크스라고 말할 뿐이었다.

공황 이론의 연구에서 공황의 역사 연구로 나아가고자 대학원 진학을 결심하다

다만 당시 나는 『자본론』의 상향법 논리를 힌트로 삼아 서서히 '사물의 비역사적 서술은 수식이 없다면 읽을 수 없다'라는 난독증을 극복해 나가고 있었다. 남은 것은 '사물의 역사적 기술은 읽을 수 없다'는 문제였다. 거기서 나는 다음과 같은 희망을 품었다. 즉 대학원에 진학하여 공황의 이론을 연구하면서 서서히 공황의 역사 연구를 진행하면 '사물의 역사적 기술'을 읽을 수 있게 되지 않을까, 라는 희망이었다. 결과적으로 그 희망은 이루어지지 않았지만 대학원에 진학하고 싶다는 생각은 흔들리지 않았다.

5장

역사에 대한
관심의 부활과
경제사의 벽

1 | 일본 자본주의 논쟁에 대한 관심의 맹아

대학원 입시와 일본 자본주의 논쟁

앞 장에서 말한 것처럼 대학원에 진학하기로 결심했지만 한 가지 문제가 있었다. 대학원에 들어가려면 어학 외에 전문 과목 두 과목을 시험 볼 필요가 있었다. 경제원론은 필수고 다른 한 과목은 일본경제사나 서양경제사 중 하나를 선택해야 했다. 여전히 역사서를 제대로 읽지 못했던 나에게는 큰 관문이었다.

다만 대학 입시 때와 달리 대학원 입시 때의 나에게는 조금이긴 하지만 역사에 대한 진심 어린 관심이 싹트고 있었다. 그 역사에 대한 관심의 중심에 있었던 것은 일본 자본주의 논쟁이었다. 당시 경제원론의 논쟁의 중심에 있던 우노파는 일본 자본주의 논쟁의 한쪽 당사자인 '노농파'의 입장을 취하고 있었던 데 반하여 일본경제사나 서양경제사에서는 논쟁의 다른 당사자인 '강좌파'가 주축을 이루고 있었다. 마

르크스 경제학으로 당시의 경제계 대학원에 진학하려면 이
양쪽의 입장을 알아야 할 필요가 있었다.

　여기서 대략적이긴 하지만 일본 자본주의 논쟁의 대립관
계를 도식화해 보자. 주된 대립 점은 ①메이지유신의 성격을
어떻게 볼 것인가. ②고율 소작료의 원인을 무엇으로 생각하
는가. ③1930년대 당시 일본혁명의 전략을 어떻게 규정하는
가 하는 세 가지였다.

	강좌파	노동파
① 메이지유신의 성격	절대주의적 혁명	불철저한 부르주아혁명
②고율 소작료의 원인	경제 외적 강제	(소작인의 과당경쟁에 의한) 경제적 강제
③혁명전략	부르주아혁명을 거친 사회주의혁명 (2단계 혁명)	사회주의혁명 (1단계 혁명)

예방적 독립혁명인 메이지유신

　나는 역사적 기술을 읽을 수 없기 때문에 과거의 사건을
현대사에 할 수 있는 만큼 억지로 끼워 맞춰 철저하게 이치
를 따지고자 했다. 먼저 ①에 대하여 당시도 지금도 메이지
유신에서 노농파가 말하는 부르주아혁명은 없다고 생각한
다. 많은 연구자가 지적하다시피 메이지유신은 권력의 계급

이행을 동반해야 하는 부르주아혁명이라고는 말할 수 없는 하급무사를 주축으로 한 정치변혁이기 때문이다.

그러나 강좌파가 말하듯이 '변혁'일 뿐 '혁명'이 아니라고 잘라 말하는 것에도 주저할 수밖에 없다. 메이지유신이 전근대로부터 근대로의 이행을 가져온 정치적 전환이었다는 것은 틀림없는 사실이기 때문이다. 일반적으로 혁명적 변화 없이 전근대에서 근대로 매끄럽게 이행한 경우는 드물다.

결국 나는 메이지유신을 아메리카 독립혁명과 유사한 '독립혁명'으로 생각하게 되었다. 다만 일본이 어느 나라의 식민지는 아니었으므로 어디까지나 '예방적인' '독립혁명'이다. 메이지유신의 정점은 대정봉환[大政奉還, 에도시대 말기(게이오 3년)에 15대 장군 도쿠가와 요시히가 조정·메이지 천황에게 정치 권한을 돌려준 사건. 대정봉환의 대정은 정치 권한, 봉환은 돌려준다는 뜻이다]에 의한 천황으로의 권력이행과 그 후의 보신전쟁[戊辰戰爭, 1868년부터 1869년 사이에 에도 막부(도쿠가와 막부)의 세력과 교토 황궁에 정치 권력을 반환하기를 요구하는 세력과의 싸움으로, 일본에서 일어난 내전]이겠지만 그 객관적인 의의는 무엇보다도 열강에 의한 일본의 '식민지화의 회피'였다. 유신을 담당한 하급무사들의 의도도 거기에 있었다고 봐야 하지 않을까.

고전적 국가로부터 현대국가로 이행한 1930년대

다음으로 ②는 건너뛰고 ③에 대해 먼저 이야기해 보자. ③에 대해서는 정치적인 노선대립이고 학문상의 대립으로 보는 것은 어렵다며 학문의 대상으로 취급하는 것을 거부하는 사람도 있을 것이다. 그러나 이 논쟁 10여 년 후에 재벌해체와 농지개혁이 일어났다. 만일 1930년대에 재벌해체와 농지개혁이 일어났다면 그때의 일본 지배층은 틀림없이 이를 '혁명'으로 보지 않았을까. 즉 일본 자본주의 논쟁의 당사자들이 제기한 혁명전략은 유토피아를 목표로 한 공리공론이 아니라 현실적인 정책실현을 위한 역사적인 전망이었다. 그러한 의미에서 나는 ③의 혁명전략도 충분히 학문적인 검토의 대상이 된다고 생각한다.

그리고 현실에서 일어난 재벌해체와 농지개혁으로부터 역산하는 한, 역시 부르주아혁명이 먼저 일어나야 한다고 말하는 강좌파의 손을 들어주고 싶다. 다만 실제로 일어난 전후 개혁의 주체가 일본인이 아니라 연합국군최고사령관총사령부(GHQ, 連合国軍最高司令官総司令部)였다는 점은 제쳐 놓더라도 재벌이라는 독점부르주아와 일본적 특수성을 갖는 기생지주를 권력에서 쫓아낸 것을 부르주아혁명이라고 불러야 하는지는 의문이다. 또한 부르주아혁명 전에 사회주의혁명을 전망한다는 것도 일이 다 끝난 뒤에 떠오르는 비현실적인 생각이다. 결론적으로 나는 마루야마 마사오(丸山眞男)는 아니지만 '영속적 민주주의혁명'이 적절한 표현이라 생각한다. 계급으로서의 부르주아계급보다 독점과 그것을 지탱하는 국가가 첫 번째 변혁의 대상이 되어야 한다는 현대국가의 단계에 1930년대의 일본이 도달했었다고 생각하기 때문이다.

고율소작료는 과당경쟁의 결과인가

문제는 ②다. 메이지기에 4~5할이던 고율소작료의 원인을 에도시대와 같은 지배층의 무력에 의한 강제라고 파악하는 것은 무리가 있을 것이다. 폭동을 일으킨 후라면 몰라도 폭동을 일으키기 전부터 소작료 징수를 위해 경찰이 먼저 움직인 경우는 없었기 때문이다. 따라서 강좌파가 말하는 어떤 경제 '외'적 강제가 고율소작료의 원인이라면 먼저 그 경제 '외'적 강제의 핵심이 분명해져야만 한다.

다른 한편으로 노농파가 말하는, 도시에 충분한 노동인구가 없기 때문에 토지를 갖지 않은 농민은 지주로부터 토지를 빌려 소작료를 낼 수밖에 없고 소작인의 과당경쟁 결과 지대인 소작료가 고율이 된다는 설명은 이해하기 쉽다. 다만 이는 매우 일반적인 설명으로 끝나 일본적 특수성이 무시된다는 약점이 있다. 그것을 보강한 것이 우노에 의한 단계론 적용이다. 일본 자본주의는 자유주의 단계에 충분한 시간을 쓰지 못하고 제국주의 단계에 돌입한 특수한 발전을 이루었기 때문에 기술은 고도로 발달한 반면 고용흡수율이 적은 대자본을 위에서부터 도입시킬 수밖에 없다. 이 결과 농민의 상당수가 소작을 하며 농촌에 체류해야만 했다. 이 단계론이 적용된 노농파의 주장은 설득력이 있고 고율소작료를 과당경쟁의 결과로 보는 주장이 강력한 지지를 얻었다고 해도 좋을 것이다.

전후까지 이어지는 일본사회의 특수성

다만 내가 대학원 시험을 칠 때부터 오늘날까지 생각하는 것은 이 고율소작료로 상징되는 일본 자본주의의 '특수성'이 전후가 되어서도 모습을 바꾸어 살아남아 있는 게 아닐까 하는 것이다.

예를 들어 전후의 대기업과 하청기업의 관계는 이 전전(戰前)의 지주와 소작의 관계와 유사하지 않을까. 즉 전후의 하청기업이 대기업에 후려쳐진 가격으로 납품하는 관계와 전전의 소작인이 지주에게 고율의 소작료를 착취당하는 관계는 유사하지 않을까. 그리고 그렇게 생각하면 확실히 어떤 경우도 '과당경쟁'이 배후에 있고 소작인이나 하청기업의 입장을 약하게 하는 것은 사실이지만, 그 이상으로 복잡한 사정이 만든 설명하기 어려운 '지배-종속' 관계가 소작인이나 하청기업을 묶어 놓은 것으로 생각할 수 없을 것이다. 또한 그것이야말로 전후 일본사회도 염두에 두면서 나카네 지에(中根千枝)가 '다테사회'*라고 부르고 아베 긴야(阿部謹也)가 '세간(世間)'이라고 부른 일본사회의 특수성은 아닐까.

'사적 노동'의 미확립과 공동노동 성과의 찬탈

그런데 말하기 어려운 '지배-종속' 관계는 구체적으로 어떻게 나타나는가. 그것은 '무상 공동노동의 강제'라는 형태로 나타난다고 생각한다. 벼농사사회에서는 모내기나 추수, 두렁길이나 용수로 정비 때 '결結'이라는 형식을 취하는 일이 많았다. 전근대는 그것이 '상호 형태'라는 것으로 자발적이고 무상으로 이루어졌을 것이다.

그러나 근대가 되어 상품경제가 침투하면서 그러한 공동

---

* 문화인류학자 나카네 지에의 『종적 사회의 인간관계』(1967), 『종적 사회의 역학』(1978)의 서명에 사용된 말. 나카네에 의하면, 일본인의 집단에 대한 참가는 개인의 '자격'보다 그 놓인 '장소'에 근거하고 있으며, 집단 자체도 개인특성의 공통성보다 프레임의 공유성에 의해 구성된다. 각자의 '자격'에 따라 복수의 집단에 소속될 수 있는 경우와 달리 '장'에서 이탈하면 성원이 아니게 되는 일본사회에서는 단일집단에 대한 일방적 귀속이 요구된다. 거기에는 서로 다른 자격자가 포함되어 성원 간에 수직적 관계(상하 역할, 우두머리, 선후배)가 발달할 것이라는 얘기다. 의례적 서열관계가 중시되는 사회를 가리킨다.

노동은 무너진다. 그런데 일본의 영세 농작에 있어서 공동노동을 없애 버리면 농경 그 자체가 성립할 수 없었다. 거기에 공동노동의 성과를 '상품' 즉 '사적 노동의 성과'로 사는 상인적 지주와 '무상으로 제공하는' 영세한 자소작농에게도 공동노동은 '모두를 위한 노동'이므로 공동노동 성과의 '찬탈-피찬탈' 관계, 더 나아가 그것을 정당화하는 '지배-종속' 관계가 발생할 필연성이 있었던 것이 아닐까.

전전의 고율소작료 원인을 소작인의 과당경쟁으로부터 순수하고 경제적으로 설명하는 것도 중요하지만 오히려 이 고율소작료의 배후에 있는 지주와 소작의 '지배-종속' 관계를 상인적 지주에 의한 '공동노동 성과의 찬탈'과 연관시켜 설명하는 것이 나에게는 더 중요하게 여겨진다.

속마음(개인의 본심)과 겉 마음(사회적 규범)으로 분단된 '나'와 '사회'

이상과 같은 전전 일본의 농경에서 '사적 노동의 미확립'과 '무상의 공동노동을 강제하는 사회관행'은 '나'와 '사회'를 본심과 사회적 규범으로 가른다. 마르크스는 상품사회에 대하여 '사용 대상이 상품이 되는 것은 사용 대상이 서로 독립적으로 운영되는 사적인 노동의 생산물이기 때문이다. 이 사적인 노동의 복합체가 사회적 노동을 이룬다'(『자본론』, 디츠판, 87쪽)고 이야기하는데 이 '사회적 노동'을 이루는 '사적 노동'의 '사회'와 '내'가 말한 사회적 규범이 각각 수미상관을 이룬다면 상품사회는 필시 성립한다.

이 사회적 규범 속의 '나'와 '사회'로 이루어지는 상품유통에만 착목하면 노농파적인 일본 자본주의 상을 떠올릴 수 있을 것이다. 그러나 그것은 그것대로 오류가 아닐까 나는 생각한다. 사회적 규범으로서의 '법 아래의 평등'은 개인의 본심으로서의 '다테사회'에 의해 매우 간단하게 전복된다. 또한 사회적 규범으로서의 '계약사회'는 개인의 본심으로서의 '세간'에 의해 간단하게 상처를 입는다. 본래 사회과학이 분명하게 해야 할 것은 이 규범으로서의 세계가 아닐까. 그리고 그 본심의 세계를 밀어붙이려고 한 점에서는 강좌파가 훨씬 더 앞서 있었다.

일본경제사를 시험과목으로 선택하여 대학원에 진학

이렇게 나는 일본 자본주의 논쟁에 큰 관심을 품었기에 대학원 입시 과목으로 경제원론과 일본경제사를 선택했다. 그러나 여전히 역사서는 읽을 수 없었기 때문에 일본경제사의 교과서는 요점으로 생각되는 부분만을 취사 선택해서 읽었다. 아무튼 강제로 머리에 집어넣었다. 어렵사리 그 요점이 맞아운 좋게 대학원에 진학할 수 있었을 때는 정말 기뻤다.

3 │ 전근대사회에 대한 관심의 부활

근대 이전으로 거슬러 올라간 문제에 관심

일본 자본주의 논쟁은 산업자본 확립기를 하나의 초점으로 하고 있다. 공황사를 연구하고 싶다고 생각하여 대학원에 들어가 일본 자본주의 논쟁에도 관심을 가진 내가 먼저 공부해야 할 것은 일본에서는 메이지유신사, 서양에서는 19세기의 공황사였다. 본격적인 자본주의적 공황이 시작한 것은 산업자본 확립 이후였기 때문이다. 그런데 슬픈 일이지만 나는 그 어느 것도 완전히 읽어 나갈 수 없었다. 그 근본적인 원인에 대해서는 나중에 설명하기로 하고 여기서는 먼저 내가 오히려 '경제'와 '사회'가 명확하게 나누어지지 않은 전근대의 사회경제사에 강한 관심을 가짐과 동시에 그 역사적 서술에 대한 교양서를 읽으려 했다고 말해 두고 싶다.

처음에는 메이지유신론과의 관계에서 핫토리 시소(服部之總)의 마뉴 단계설(幕末嚴, 막부의 경제 단계가 마르크스가 말하는 '엄밀한 의미에서의 매뉴팩처'에 해당한다고 보는 설)이나 사사키 준노스케(佐佐木潤之介, 민중사에 착목한 일본의 사학자)의 호농-반(豪農-半) 프로론(농촌에서 호농과 프롤레타리아트의 모순이 유신 변혁을 촉진시켰다는 설) 등에 흥미를 가졌지만 더 역사를 거슬러 올라간 후 아라키 모리아키(安良城盛昭)의 다이코 겐지(太閤檢地)* 봉건혁명설을 보고 충격을 받았다.

아라키 모리아키의
다이코 겐지 봉건혁명설의 충격

아라키는 일본의 봉건제는 막부가 가마쿠라(鎌倉)에 있던 시대에서 시작한다는 이전의 통설을 정면에서 비판하고 일본의 봉건제는 다이코 이후에 시작했으며 그 이전은 가부장적 노예제라고 보았다. 그리고 그 근거로 농노의 '단혼 소가족 경영이 자립한' 것은 다이코 이후이기 때문이라고 했다.

나는 이 아라키의 설에 의해 근세 이전의 사회경제사에 강한 관심을 갖게 되었고 이론과 역사 사이를 왕복함으로써 고대사, 중세사, 근세사의 교양서 정도는 읽을 수 있게 되었다. 그러한 의미에서 나는 아라키설에 깊은 은혜를 느끼고

---

* 도요토미 히데요시가 일본 전역에서 실시한 검지(산림은 제외한 논밭의 측량 및 수확량 조사).

있다. 그리고 지금도 나는 아라키설의 핵심에 있는 '단혼 소가족 경영의 자립'을 봉건제 확립의 지표로 삼아야 한다는 주장이 올바르다고 생각하고 있다. 문제가 있다면 다이코 이전을 '가부장적 노예제'로 한 점이 아닐까. 과문한 사람이 무슨 주장을 하든 독자는 화가 날 수도 있겠으나 시들어가는 마르크스주의 사회경제사도 열심히 공부하는 팬이 있다는 것을 알리기 위해서라도 이야기해 두고 싶다.

획기적인 '단혼 소가족 경영의 자립'을 실질적으로 지지하는 견해

이 논쟁이 조금 혼란스럽게 느껴지는 것은 아마도 '봉건제'라는 개념을 명확하게 하는 것은 전문가라도 곤란하기 때문이라고 생각한다. 거기서 과문한 사람으로서 그 난문을 피해 '단혼 소가족 경영의 자립'을 일본의 사회경제사, 자본주의의 도입에 필적하는 획기적인 것으로 볼 것인가 말 것인가'라는 논점만을 문제로 삼고 싶다. 그렇게 한 후 중세사 연구, 근세사 연구 각각으로부터 이 주장을 실질적으로 지지하는 견해를 이끌어 내고 싶다. 먼저 중세사를 연구한 나가하라 게이지(永原慶二)부터 살펴보자.

(1) 나가하라 게이지, 『신 목면 이전의 것』, 중앙신서, 1990

나가하라는 고대 중세의 저마(苧麻, 모시풀) 방적노동과
근세의 목면(木綿) 방적노동을 비교하면서 이렇게 말한다.

> 모시풀 시대의 여자들은 모시풀 더미, 직포에 막대한 시간을 빼앗
> 겼다 …… 고대 중세의 여자들은 농경노동 시간보다 이러한 방적
> 노동 시간이 압도적으로 길었다.
> 여기에 비하면 목면은 실잣기와 직포보다 단연 능률이 높았다. 여
> 자들은 가족의 옷감을 확보하기 위해 많은 시간을 들이지 않아도
> 되었다 ……
> …… 근세에 들어오자 방적노동(시간)의 경감을 바탕으로 여자들
> 도 농경노동에 종사하는 일이 많아졌고 부부노동력에 의한 가족
> 집약형의 가족경영이 발달했다. 그것은 경지 작물의 세밀한 관리
> 에 의한 수량의 증가를 가져옴과 동시에 상품으로 파는 생산물을
> 불러오게 되었다.(밑줄은 인용자, 69-70쪽)

'부부노동력에 의한 노동집약형 가족경영이 발달'하고
'상품으로 파는 생산물을 확대'할 정도로 '수량의 증가를 가
져왔다'고 한다면 그것이 바로 '단혼 가족 소경영의 자립'을
의미하는 것이 아닐까.

(2) 하야미 아키라(速水融), 『역사인구학으로 본 일본』, 문예춘추, 2001

하야미는 에도 초기의 인구를 다시 계산하여 17세기에 큰 인구 증가가 있었다는 사실을 밝혔다.

> 이렇게 계산하면 역산하여 17세기 중기[겐로쿠기(元禄期, 1688~1704) 전]에 일본에 큰 인구증가가 있었다는 것이 된다. 즉 교호기(亨保期, 1716~1736)에 일본의 인구가 3천만 명 정도였다는 것은 확실하다. 17세기 초가 1,800만 명이므로 증가비율은 1.7배이지만 1,200만에서 3,000만으로 증가한 것은 2.5배 정도 된다. …… 또한 이 증대를 증명하는 사료로서 장군 요시무네(吉宗)가 교호 17(1732)년에 전국의 나라별 인구조사만이 아니라 전국 9개 대번(大藩)의 인구를 과거와 비례하여 보고한 결과가 있다. 그것에 의하면 한 개 번을 빼고 17세기 이후 인구는 증가하고 있다. 17세기 중반에 큰 인구증가가 있었던 것이다.(밑줄은 인용자, 69-70쪽)

또한 하야미는 17세기에 일어난 '근면혁명'에 대하여 다음과 같이 말하고 있다.

> [오와리(尾張) 나고야(名古屋) 번에서] 인구가 가장 많이 증가하고 있는 것은 이세만(伊勢灣, 나고야 남쪽)의 연안지대다 …… 그

지역 하나의 촌의 「슈몬 아라타메쇼(宗門改帳, 신앙조사서)」가 남아 있고 그 촌의 역사인구학적인 연구도 가능했다.

…… 그 결과 알게 된 것은 사람 수와 가축(여기서는 거의 말) 수의 비율이 크게 변했다는 것이다. 17세기에는 평균 20명당 한 마리였으나 19세기에 이르면 100명당 한 마리로 줄었다.(94쪽)

가축 수가 감소했다는 것은 그때까지 가축이 했던 일을 인간이 하게 되었다는 것이다. …… 이러한 변화는 유럽형 농업발전하고는 완전히 반대다.(95쪽)

그런데 이 시대에 농민의 생활수준이 떨어졌는가 하면 떨어지지 않았다. 떨어지기는커녕 상승했다. 예를 들면 평균 수명이 늘어나고 여행 가는 사람이 많아지는 등 <u>의식주 전반에서 생활수준이 올라갔다</u>. 물론 쟁기나 가래 등 효율이 좋은 농구가 상당히 발달하고 <u>토지마다</u>, 모래땅이면 모래땅에, 점토질이면 점토질 토지에 맞는 <u>효율을 생각한 농구를 사용</u>하게 되었다.(밑줄은 인용자, 96-97쪽)

'큰 인구 증가가 있었음'에도 불구하고 '의식주 전반에서 생활수준이 올라갔다'는 것은 가축의 힘으로부터 사람의 힘으로라는 '근면혁명'이 성공하고 농가경영이 안정되었다는 것을 말한다. 그것이야말로 '단혼 소가족 경영의 자립'의 구체적인 모습이 아닐까.

가부장적 노예제론의 문제점

이상 아라키설의 적극적인 주장이 근년에 실증적으로 뒷받침되었다고 생각하는 근거를 제시했다. 이제는 거꾸로 아라키설의 문제점이라고 생각하는 '다이코 이전의 일본사회는 가부장적 노예제다'라고 하는 주장에 대하여 생각해 보자. 여기서는 실증적인 견지가 아니라 이론적인 견지에서 두 가지 점을 이야기해 보자.

(1) 아시아적 생산양식에 있어서 생산자는 노예인가?

마르크스가 아시아적 생산양식과 고전 고대적 생산양식(실질적으로 그리스로마형 생산양식)을 구별한 것은 잘 알려져 있다. 그럼에도 불구하고 어떤 생산양식에서는 주된 생산자가 노예였다는 견해가 끊이지 않는다.

그러나 분명히 아시아적 생산양식을 체현했다고 여겨지는 전반수수법(田班收授法, 7~10세기에 국가가 직접 농민에게 토지를 분배함)은 '토지국유 원칙에 바탕을 두'고 '만 6세 이상의 남자에게 2할, 여자에게는 그 2/3를, 남녀노예에게는 각각 1/3을 기준으로 하는 구분전(口分田)을 6년마다 작성하는 호적에 바탕을 두고 배분하여 종신 이익을 허용하며 죽으면 국

가에 돌려주었다.(『코지엔(廣辭苑)』제6판, 2008)*

이것을 보면 율령제에서 주된 생산자는 '만 6세 이상의 남자와 여자'이고 노예는 부차적인 생산자로서 존재했다.

그런데 이 '만 6세 이상의 남자와 여자'가 노예가 아니라면 그 사회경제적 지위를 무엇이라고 불러야 할까. 나는 당분간 나카무라 세이지(中村靜治)처럼 '예속민'으로 불러두는 것(나카무라 세이지, 『생산양식의 이론』, 아오키쇼텐, 1985)이 무난하다고 생각한다. 예속은 일을 시키는 것이지 소유하여 매매하는 것은 아니기 때문이다.

(2) '산쇼다유(山椒大夫)'는 '산소(散所)'대부

이상과 같이 고대의 율령제에서 주된 생산자를 노예가 아니라 '예속민'으로 본다고 해도 전반수수법이 붕괴하여 장원제의 시대가 된 이후부터의 주된 생산자는 아라키가 주장하는 대로 가부장에 속하는 노예(하인)이어야 할까? 모리 오가이(森鷗外)의 소설 『산쇼다유』에 쓰여 있는 「안주(安寿)와 즈시오(厨子王)」**의 가부장인 산쇼다유(山椒大夫)에게 팔린 노예 그 자체가 아닐까.

나도 최근까지 그렇게 생각했으나 '산쇼다유'의 '산쇼'가

---

* 『코지엔(廣辭苑)』은 이와나미쇼텐이 발행하는 일본어 사전이다.

** 『안주와 두자왕』. 일본의 동화

산소(散所)에서 나왔다는 설을 듣고 이것은 역시 틀린 것이 아닐까 생각하게 되었다. 산쇼란 율령제하의 가렴주구에 참지 못하고 전답을 버리고 여기저기로 도망간 농민이 몸을 의탁한 지구이고 근세의 피차별부락의 기원 중 하나로 여겨진다. 그 산소가 '산쇼다유'의 '산쇼'의 유래이고 '다유'의 의미는 사전(『廣辭苑』)에 있는 대로 '예능자의 집단의 장'이라는 의미를 갖는다. '산쇼다유'는 잔혹한 장원의 관리자하고는 별도의 얼굴을 하고 있다. 그것은 도산한 농민을 자기의 전답으로 연행해 가려고 하는 검비위사(檢非違使, 위법행위를 감찰하는 천황의 사자. 율령제하의 영외관 중의 하나)들과 대치하여 산소의 주민을 보호하려고 하는 지도자의 얼굴이다. 그러한 지도자와 산소의 주민의 관계를 사회경제사적으로 어떻게 규정할 것인가는 오늘날의 나는 알 수 없는 일이지만 적어도 그것을 가부장과 노예제의 관계로 파악하는 것만은 할 수 없을 것이라고 생각한다.

4 │ 경제사의 벽

경제사 문헌 독해의 곤란함

위에서 말한 것처럼 나는 전근대의 사회경제사에 깊은 관심을 갖게 되었고 전문서를 읽지는 못했지만 일반서에 속하는 책 정도는 즐겁게 읽고 이해할 수 있었다. 거기에 더해 에가미 나미오(江上波夫)의 '기마민족 정복설' 같은 정치사적 이슈, '일향종(一向宗, 일본 불교의 종파)의 패배와 근세의 관계' 같은 사회사적 이슈, '차의 탕(湯)*과 가톨릭의 미사의 관계' 같은 문화사적 이슈에 대해서도 깊은 관심을 가졌다.

그런데 마르크스 경제학의 이론과 가장 가까워야 할 '근세 이후의 경제사' 문헌은 조금도 읽을 수 없었다. 그것은 나에게 있어서 마지막으로 남은, 하지만 가장 강고한 벽이었다.

---

* 다도와 거의 유사. 일본어로 챠노유라고 말한다.

때마침 내가 대학원에 들어간 1970~1980년대의 일본경제사 연구에서는 '산업론'과 '각종 산업연구'가 융성했다. 누에실산업 연구, 면업 연구, 철강업 연구, 구리생산업 연구, 전력업 연구, 공작기계산업 연구 등이다. 그것들은 대체로 ○○분석이라는 제목을 달았고 '비역사적 서술'과 '수식이 없는 글도' 읽을 수 있게 된 나는 무엇이든지 읽으려고 노력했으나 결국 한 페이지도 읽지 못하고 패했다.

기계의 '원리'에 대한 설명이 없는 경제사 문헌

솔직히 말해서 읽든 읽지 않든 그 이전에 문장이 머리에 들어오지 않았다. 그것에 대하여 곰곰이 생각한 결과 경제사 연구자들의 기술에 대한 견해가 나와는 생리적인 수준에서부터 다르지 않을까 하는 생각을 하게 되었다. 예를 들어 경제사 문헌에도 기계를 세부적으로 파고든 설명이 있지만 그것은 오로지 성능의 비교나 도입 경위에 대한 것이었고 대체로 그것이 어떠한 원리로 움직이는가, 어떤 경위로 발명되었는가 하는 점은 전혀 건드리지 않았다. 전근대의 직조기계나 방적기기, 호미와 가래에 대한 것이라면 '움직이는 원리' 등을 설명하지 않아도 이해할 수 있다. 그러나 근대 이후의 방적기계나 선반의 간단한 도해를 보여주는 정도로는 그 '원리'를 도저히 이해할 수 없었다. 기계의 '틀'을 이해하지 않고 참된 의미에서 그 성능을 비교할 수 있을까.

물론 이런 이야기를 하면 대저 학문은 각각의 연구 분야로 특화함으로써 성립하는 것이므로 기계의 원리에 대한 상세한 설명 등은 기계공학의 전문가에게 맡기는 것이 좋고 경제사의 전문가에게 그것을 구하는 것은 도리나 절차에 어긋나는 것이며 생떼를 쓰는, 불가능한 일이라고 질책받을 것이다.

기계를 '사용하는' 측의 기술관과
기계를 '만드는' 측의 기술관

그 '질책'은 정당한 것이다. 그러나 '기계의 원리'에 대한 상세한 설명까지는 아니더라도 '핵심부분'을 이해하지 않은 채로 그 성능이나 사용법을 논의하는 것 자체에 생리적인 저항을 느끼는 사람이 있다는 것을 알아두면 좋겠다. 본래 기계치인 나는 기계를 '사용하는' 것도 '만드는 것'도 잘 못하지만 기계에 대해 '머리를 굴리는 방법'은 매우 시험 기술적인 이과 인간으로도 할 수 있었기에 기계를 '만드는' 측의 기술관 이외의 기술관은 받아들이지 못했다.

그러나 그대로는 영원히 경제사의 벽을 돌파할 수 없었다. 문제는 기계를 '만드는' 쪽의 기술관으로부터 '사용하는' 쪽의 기술관으로 다리를 건너는 논리는 없는가 하는 것이다.

대학원 시절, 이과 대학원생과 만날 기회가 많았던 나는 자연과 이론물리학자에게서 그러한 시도가 있다는 것을 알게 되었다. 그것이 다케타니 미츠오(武谷三男)의 3단계설과 적용이론이었다.

6장

다케타니 미츠오의 3단계론

1 │ 다케타니의 '실체론'과 모델론

이론물리학자 다케타니의 사상과 실천

다케타니 미츠오는 일본사상사 처음으로 뉴턴과 마르크스의 쌍방을 사정에 넣고 독자적인 과학방법론을 만들어 내려고 했던 이론물리학자다. 그러한 의미에서 본서의 주제에 가장 가까운 사상가라고 해도 좋고, 결론의 옳고 그름은 어떻든지 간에 나에게 있어서 피할 수 없는 존재다. 전전의 다케타니는 유카와 히데키(湯川秀樹)나 도모나가 신이치로(朝永振一郎)라는 노벨상급의 학자와 공동연구를 한 탑 클래스의 소립자론 연구자이면서 반파시즘 잡지에 연루되어 투옥된 투사이기도 했다. 전후에는 마르크스주의적인 민주화운동의 중심이면서 '정통파' 마르크스주의와는 거리를 두려고 한 마루야마 마사오(丸山眞男), 츠루미 슌스케(鶴見俊輔), 하니 고로(羽五仁郎) 등과도 관계를 가졌다. 더 나아가 당초에는 원자력의 평화적 이용으로서의 원자력발전 도입에 긍정적이었지만 안전성 기준이 날림인 것을 알고 생각이 바뀌어 원전 반대운동의 선두에 섰다. 원전 반대에는 소극적이었던 우이준(宇井純, 『공해원론』을 출간하여 1960~70년의 반공해 투쟁의 중심에 섰다)에게 그 필요성을 설명하기도 했다. 이미 엄청난 다케타니론이 집필되고 있다고 생각하지만 마루야마나 츠루미와 비교하면 철 지난 사람으로 매도되고 있다고 생각한다. 나중에 설명하겠지만 2008년에 노벨물리학상을 받은 고바야시 마코토(小林誠), 마스카와 도시히데(益川敏英兩)의 은사였던 사카타 쇼이치(坂田昌一)는 다케타니 이론의 신봉자였다. 또한 후쿠시마 원전 사고 이후 반원전의 논의가 많았는데 다케타니는 그 최대의 선구자였다. 본서가 다소나마 다케타니의 현대성을 다시 보는 계기가 되면 기쁘겠다.

뉴턴 역학의 형성으로 보는 다케타니의 3단계론

다케타니의 과학방법론인 3단계론의 본질은 전후 초기에 발표된 「뉴턴 역학의 형성」에 모두 포함되어 있다고 해도 좋다. 이하 그것을 도식화해 보면, 다음 도표가 된다.

뉴턴 역학의 형성	3단계론에 의한 위치
티코 브라헤(Tycho Brahe)에 의한 천체관측	현상론적 단계
케플러에 의한 혹성운행의 3법칙의 발견	실체론적 단계
뉴턴에 의한 역학의 3법칙과 만유인력 법칙의 발견	본질론적 단계

이 티코 브라헤, 케플러, 뉴턴의 3자의 관계에 대해서 설명해 보자.

16세기 덴마크의 귀족이었던 티코 브라헤는 체코의 프라하 천문대에서 당시로서는 가장 정밀한 혹성 운행 데이터를 축적해 놓고 있었다. 티코와 같이 천문학에 뜻이 있던 케플러는 16세기 말에 티코를 만났고 1601년 티코가 죽자 그의 뒤를 이어 프라하 궁정 천문학자가 되었다. 동시에 티코의 관측결과도 받아들인 케플러는 그 데이터를 상세하게 연구하고 1609년과 1619년에 다음과 같은 혹성 운행의 3법칙을 발표했다.

1) 혹성은 태양을 초점으로 타원궤도로 공전한다.
2) 태양과 혹성을 잇는 선분이 일정시간에 지나가는 면적은 일정하다.
3) 혹성의 공전주기의 제곱은 태양으로부터의 거리의 세제곱에

비례한다.

그로부터 약 70년 후인 1687년, 뉴턴은『프린키피아』에서 만유인력의 법칙과 뉴턴의 역학법칙만으로 지구상 물체의 낙하 현상, 혹성의 운행을 기술할 수 있다고 주장했다. [이상은 시가 히로노리(志賀弘典),『수학의 시계(視界)』, 스우가쿠, 2008, 제13장 '뉴턴의 주변'을 참고한 것이다.]

다케타니의 '실체론'과 모델론

중요한 것은 다케타니가 티코 브라헤의 현상론과 뉴턴의 본질론 사이에 '실체론'으로서 케플러의 주장을 위치시키고 있다는 점이다. 이 '실체론'의 '실체' 개념에 대하여 현대 제어공학의 지도적 연구자인 기무라 히데노리(木村英紀)는 다음과 같이 '모델' 개념과 연관지어 논하고 있다.

물리학에서는 금세기 초에 제안된 나가오카 한타로(長岡半太郎)와 라자포드의 원자모델이 잘 알려진 모델의 예다. 이 경우 모델이란 현재의 계산기모델에 적용될 수 있는 알고리즘이 아니라 거기에 뭔가가 있는가, 어떠한 상호작용하에 있는가 하는 '실체적인 구조'를 기술한 것이다. 이것이 바로 '모형'이다. 물리학자인 다케타니 미츠오에 의하면 모델이라는 말을 이러한 의미로 처음 사용한 것은 1936년의 다케타니와 슈뢰딩거다. 때문에 원자모델을 만든 사람은 모델이라는 말을 사용하지 않았을 것이다. 이러한 모델 즉 '모형'은 수식을 이끌어내기 위한 실마리인 모델링의 가장 중요한 단계 중의 하나다. 공학에서 이러한 모델에 대응하는 것은 흐름도, 회로도, 블록선도 등이다. 이것들은 최종적인 모델언어에 의한 기술을 이끌어내기 위한 것이고 <u>요소 사이의 시간적 공간적 결합을</u> '실체적으로' 표현한 것으로서 현재에도 매우 중요하다.

또한 기무라는 모델을 보편과 특수의 사이에 위치시키면서 다음과 같이 말한다.

이론이라고 하면 보편은 꽤 일관성을 가진 것으로 생각된다. 뉴턴 역학은 천체로부터 지상까지 거시적인 세계 전부를 포괄하는 역학의 법칙을 기술하고 있다. 이론의 대극에 있는 것이 예술작품이다 …… 대상의 특수성이 보편성보다도 뛰어나다고 주장된다. <u>모델</u>은 이 단면에서도 <u>양자 사이에 위치해 있다.</u>(밑줄은 인용자, 기무라 히데노리, 「모델이란 무엇인가」, 『수리과학』, 사이언스, 1998)

이러한 모델론으로서의 실체론을 현상론과 본질론 사이에 넣어 물리학의 발전을 설명한 예로서는 뉴턴 역학의 형성 외에 양자역학 형성이 있다. 도식화하면 다음과 같다.

양자역학의 형성	3단계론에 의한 위치지우기
파르마에 의한 수소의 스펙트럼 계열 발견	현상론적 단계
보어의 양자론을 적용한 모델 제출	실체론적 단계
슈뢰딩거의 파동방정식 발견	본질론적 단계

이렇게 다케타니 3단계론의 실체론을 모델론으로 해석하면 그것은 충분히 합리적이라고 여겨진다. 제2장에서 소개한 이와사키 치카츠구, 미야하라 쇼헤이 저『현대자연과학과 유물변증법』'제2편 자연의 변증법적 범주'의 'II 본질 1 본질과 현상'의 보론이 '다케타니 미츠오의 3단계론에 대하여'라는 제목을 달고 자세히 검토하면서 '3단계론이 물리학 안에서 일정한 유효성을 나타내고 있다는 결론을 내린 것은 사카타에 의해서 훨씬 더 강력하게 주장되고 있고 우리가 그것에 이론(異論)은 없다'(밑줄은 인용자, 193-194쪽)고 말하고 있는 것은 그 한에서는 물론 당연하다 할 것이다.

하향법에 국한된 다케타니 3단계론

그러나 그 모델론적인 실체론을 포함하는 다케타니 미츠오 3단계론에는 중대한 문제가 있다. 그것은 다케타니 3단계론이 하향법에 국한되어 있다는 것이다. 마르크스의

『자본론』에 실현된 방법은 하향법을 전제로 포함한 '상향법'이었다. 실험할 수 없는 사회과학에서는 더 단순한 요소로 분해해 온 과정을 거꾸로 돌리기도 하고 한번 더 원래의 형태로 환원하는 '상향법'에 의해 비로소 그 내용이 증명된다. 더 단순한 요소로 분해하는 하향법만으로는 과학적으로 논증한 것이 되지 못한다. 그런데 다케타니의 3단계론은 실험할 수 있는 물리학만을 대상으로 하고 있는 탓에 하향법 앞에 있어야 할 상향법을 상정하지 않고 있다. 이와사키와 미야하라도 앞 인용문 바로 뒤에서 '그러나 3단계론이 과학 일반 안에서 특히 사회과학 안에서 오로지 그것대로 역할을 하는 방법론인가, 더 나아가 3단계론이 유물변증법의 최고의 달성인가 하는 점에서는 동의하기 어렵다'(밑줄은 인용자, 194쪽)고 이야기하고 있는 것은 그러한 의미가 아닐까.

2 | 다케타니의 '실체'와 소립자

다케타니 하향법과 유카와의 상향법

그러나 더 흥미로운 것은 이와사키와 미야하라가 다케타니 이론을 소립자론에 적용하는 것에 관하여 이야기하고 있는 부분이다. 거기에는 다음과 같이 다케타니 3단계론을 소립자론에 적용하는 것을 회의적으로 생각하는 게 나타난다.

더 나아가 3단계론은 어느 단계로부터 다음 단계로의 이행이 충분하게 규정되어 있다고 말할 수 없다. 다케타니 자신은 예전에 n중간자가 도입되던 시기에 원자핵이론이 발전하는 그 단계에 <u>실체론적인 정리를 행하면서 본질론으로 올라가는 길을 탐구하는 어떤 단계를 상정했지만, 이후의 발전은 그 규정이 올바르다는 것을 보여주지 못했다.</u>(밑줄은 인용자, 193쪽)

유감이지만 이와사키와 미야하라는 '이후의 발전'이 어

떤 의미에서 다케타니의 '올바름을 보여주지 못했는지'는 이야기하지 않고 있다. 그러므로 다케타니의 규정을 읽어만 봐도 다케타니가 유카와 히데키의 이론을 '실체론→본질론'이라는 '하향'의 과정에 있는 이론이라고 생각했다는 것이 분명함을 알 수 있다.

다케타니는 전후 초기의 경제학자와 나눈 대담에서 유카와 히데키에 대하여 다음과 같이 이야기한다.

이러한 곤란에도 두 가지 길이 있다는 것을 알 수 있다. 하나는 양자와 중성자의 상호작용의 법칙이 함수적으로 뭔가 틀릴 거라는 생각이다. 또 하나는 뭔가 실체가 빠져 있을 거라는 생각이다. 이 후자에 해당되는 것이 중간자이론이다. 그런데 최근 유카와 히데키가 생각한 중간자의 장은 핵력을 충분하게 설명하는 것이 아니었다. 이 경우에도 양자역학이 중간자장에 적용되지 않는다는 생각과 어쨌든 양자역학을 적용하여 고전적인 장의 형(型)을 추궁하려고 하는 실체적인 사고방식이 있다. 우리는 후자를 선택했다 …… 먼저 실체적인 문제를 정리한다. 나중에는 중간자에 적합하게 양자역학 그 자체를 새롭게 바꾸지 않으면 안 될지도 모르지만, …… 문제는 혼돈 상태에서 그러한 실체론적인 단계를 의식하고 실체론적인 방법을 갖고 실체론적으로 문제 정리를 행하는 것을 프로그램화한 것이다.(밑줄은 인용자, 다케타니 미츠오 외, 『자연과학과 사회과학의 현대적 교류』, 이론사, 1949, 93-95쪽)

나는 다케타니가 이 좌담회에서 '어쨌든 양자역학을 적용하여'라든가 '나중에는 …… 양자역학 그 자체를 새롭게 바꾸지 않으면 안 될지도 모르지만'이라고 이야기하고 있는 것에 주목하고 싶다. 즉 다케타니는 당시 전개되고 있던 중간자론을 나중에 '양자역학 그 자체를 바꾸었다'고 하는 '본질론'을 향해 가는 준비로서의 '실체론'으로 정리해야 한다고 주장하고 있는 것이다. 방향은 어디까지나 '실체론→본질론' 즉 하향법이고 '본질론→실체론' 즉 상향법으로 볼 수 있는 부분이 있다고 해도 그것은 다케타니에게 있어서는 '어쨌든 적용'했을 뿐인 '(가상의)본질론→실체론' 외에는 아니었다.

그러나 나는 유카와 히데키가 틀렸다고 생각한다. 양자역학과 상대성이론에 대한 절대적이라고 해도 좋을 확신이 없다면 저 중간자론은 내세울 수 없었을 것이다. 전자의 운동을 완전하게 기술하려면 상대성이론과 양자역학의 조건을 만족시키면서 전자와 전기장을 함께 다룰 수 있는 이론이 필요하다. 거기에 답한 것이 파울리와 하이젠베르크에 의한 장의 양자론이었다. 그러나 다케타니를 포함한 많은 연구자는 장의 양자론에 회의적이었다. 많은 문제점이 제기되었기 때문이다. 유카와 히데키는 전기장에서조차 의심의 눈길을 받은 장의 양자론을 굳이 양자와 중성자 사이의 핵력에 적용시킨 것이다. '어쨌든'이라든가 '당면' 정도가 아니라 오히려 적극적으로 장의 양자론 적용을 '확대'시킬 의도였다. 장의 양자론 및 그것을 구성하는 상대성이론과 양자역학에 대한 깊은 확신이 유카와 히데키에게 없었다면 할 수 없는 일이었다. 그 확신은 80년 이후 오늘날에 보아도 옳다. 유카와 히데키의 생각을 도식화해 보면 다음과 같다.

소립자론	다케타니 3단계론
양전자의 발견	현상론적 단계
↓	↓
입자의 생성과 소멸	실체론적 단계
↓	↓
장의 양자론	본질론적 단계

이 도식에서, 장의 양자론이 오른쪽의 실체론적인 단계로 향하는 화살이야말로 유카와 히데키의 생각이고 그 화살이 향한 끝이 중간자론이 된다. 중요한 것은 유카와 히데키의 경우 다케타니와 달리 '상향법'적인 이론의 발전을 이뤄냈다는 것이다.

하향법적이었던 사카타 쇼이치의
2중간자론

이것에 대해 사카타 쇼이치의 2중간자론 제창은 다케타니와 마찬가지로 하향법적인 사고에 기반을 둔 것이었다. 이것을 도식화해 보자.

소립자론	다케타니 3단계론
앤더슨이 중간자와 비슷한 입자가 물질과 전혀 반응하지 않는다는 사실을 발견함 ↓ 앤더슨이 발견한 '중간자'는 유카와 히데키의 입자와는 다른 것이라는 주장: 2중간자론	현상론적 단계 ↓ 실체론적 단계

현재는 앤더슨이 발견한 새로운 입자를 중간자가 아니라 마이크로입자라 부른다. 어쨌든 사카타가 행한 '하향법'적인 사고법은 구미 선진국의 연구자들에게 있어서도 매우 친숙한 것으로 유카와 이론보다 임팩트가 적었다고 말할 수 있다.

다시 상향법적으로 이론을 발전시킨
고바야시와 마스카와

　그 후의 소립자론은 새로운 입자가 발견되면서 혼동을 거듭했고 이윽고 겔만(Murray Gell-Mann, 1929~2019)에 의해 쿼크 모형이 확립되었지만 그 쿼크에 적용할 수 있는 새로운 이론이 좀처럼 발견되지 않았다. 누구도 중간자보다 작은 차원 즉, 쿼크의 차원에서는 장의 양자론을 적용할 수 없다고 생각하고 그것을 대신하는 새로운 이론만 찾았다. 그런데 의외로 장의 양자론은 쿼크 차원에서도 충분히 유효하다는 것을 알게 되었다. 그리고 이어서 케이지 이론이라는 새로운 수법을 도입한 장의 양자론을 중심으로 하는 표준이론이 확립되었다. 그 표준이론을 갖고 CP대칭성의 파괴 문제에 달려든 것이 고바야시 마코토(小林誠)와 마스카와 토시히데(益川敏英)다. 이것도 도식화해 보면 아래와 같다.

소립자론	다케타니 3단계론
강한 상호작용과 약한 상호작용의 관측 데이터 집적	현상론적 단계
↓	↓
쿼크 모형	실체론적 단계
↓	↓
표준이론 (발전한 장의 양자론)	본질론적 단계

유카와는 자기가 발견한 중간자 차원까지는 예외적으로 장의 양자론을 적용할 수 있다고 생각했는데 중간자 아래의 쿼크 차원에서는 대부분의 물리학자와 마찬가지로 장의 양자론을 적용할 수 없다고 생각하고 있었다. 그러나 그것은 오류였고, 장의 양자론은 대부분의 예상을 훨씬 상회하는 강인성을 나타냈다. 이 사이의 사정에 대해서 마스카와는 다음과 같이 말하고 있다.

> 사카타 선생이 타계하자 사실은 '장의 이론'이 옳았음을 깨달았다. 이론이 생각 외로 복잡하고 60년대의 기술로는 자유자재로 쓸 수 없었다. 새로운 수법이 발견되고 장의 이론으로 여러 가지를 설명할 수 있게 되었다. 우리들의 'CP대칭성의 파괴' 이론도 새로운 수법을 활성화시켰다.(밑줄은 인용자, 마스카와 토시히데, 『나는 이렇게 해서 과학자가 되었다』, 문예춘추, 2016, 94쪽)

또한 장의 양자론의 유효성이 분명하게 인식되기 시작한 때의 유카와에 대해서도 다음과 같은 에피소드가 소개되어 있다.

> 물리학의 대가는 소립자의 성질을 나타내는 '장의 이론'이라는 이제까지의 방법을 단념하고 새로운 이론을 만드는 데 열심이었다.

유카와 선생도 세계적인 대가이기 때문에 새로운 이론에 달려든 것이다. 나로서는 새로운 이론으로 달려가기 전에 이제까지의 이론을 더 알아야 한다고 생각했다. 이후 용기를 내어 유카와 선생에게 질문했다. '장의 이론'을 조금 더 연구하지 않으면 그것을 넘어설 이론은 나오지 않는 것 아닌가. 무서운 선생이었기에 노여움을 살 것을 각오한 바였다.

잠시 침묵이 흘렀다. 언제 벼락이 떨어질지 모르는 위태로운 상황이었다. '선생, 회합이 시작되었소'라고 입을 떼자 누군가 선생을 불렀다. 선생은 그대로 다른 방에 가버렸다. 대답을 듣지 못해 억울했지만 휴우 하고 가슴을 쓸어내렸다. 저런 용기가 두 번은 날 것 같지 않아 더 이상의 질문은 하지 않았다.(밑줄은 인용자, 같은 책, 99쪽)

나는 마스카와가 유카와에게 말한 '장의 이론'을 조금 더 연구한다는 말에 주목하고 싶다. 이때 마스카와는 다케타니 3단계론에서 말하는 '본질론'을 연구해야 한다고 말한 것이다. 그리고 실제로 '본질론'을 연구하고 '쿼크는 6개 종류가 있다'는 실체론적 단계를 예상하는 쪽으로 '상향'한 것이다. 늘 '하향' 외에는 염두에 두지 않고 '이제는 실체론적 단계에 머물러야 하며 본질론에 손을 대서는 안 된다'고 주장한 다케타니와 마스카와가 본질론을 연구해야 한다고 말한 점에서 180도 달라졌다고 봐야 할 것이다.

나는 일본의 소립자론 연구가 세계를 이끄는 독창성을 발휘할 수 있었던 이유 중 하나가 앞에서 본 대로 고바야시와 마스카와의 '상향법'적 논리에 있다고 생각한다. 다케타니의 '하향법'적인 3단계론은 그것을 위한 중요한 '매개항'이었다고 생각하지만, 그 자체는 그때까지의 통상 물리학과 공통되는 '분석'적 방법에 머물렀다고 말할 수 없을까.

3 | 다케타니의 '실체'와 『자본론』의 가치 실체

3단계의 다케타니 이론과 2단계의 마르크스 가치론

다케타니 미츠오는 3단계론을 제창하기 시작한 순간부터 마르크스 『자본론』의 가치론이 그 사상의 원천 중 하나라고 주장했다. 그것은 뉴턴 역학의 형성과 마르크스 가치론을 하나의 논리로 묶는 장대한 시도라고 해도 좋았다. 이것도 도식화해 보자.

마르크스 가치론(?)	다케타니 3단계론
가치 형태	현상론적 단계
↓	↓
가치 실체(추상적 인간노동)	실체론적 단계
↓	↓
가치 그 자체 (추상적 인간노동의 대상화)	본질론적 단계

그러나 『자본론』을 읽어 보면 마르크스가 가치론을 이렇게 3단계로 파악했다고 생각하기는 어렵다. 마르크스가 로빈슨 이야기를 사용하여 가치를 설명하려고 한 다음 문장을 보자.

천성이 조신한 그(로빈슨)이지만 그래도 여러 가지 욕구를 만족시키지 않으면 안 되고, …… 여러 가지 종류의 유용한 노동을 하지 않으면 안 된다. 그의 생산적 기능은 여러 가지로 다르기는 하지만 그는 그 기능들이 자신의 상이한 활동 형태에 지나지 않고 따라서 인간적 노동의 상이한 양식에 다름 아니라는 것을 알고 있다. …… 우리 로빈슨은 시계와 장부, 잉크, 펜을 난파선에서 구출하여 훌륭한 영국인답게 이윽고 자기 자신의 것을 장부에 쓰기 시작한다. 그의 재산 목록에는 그가 소유한 모든 사용대상들과 그것들의 생산에 필요한 다양한 작업과 마지막으로 이 여러 가지 생산물들의 일정 양의 생산을 위해 그가 평균적으로 쓰는 노동시간 일람표가 포함되어 있다. …… 거기에는 가치의 모든 본질적 규정이 포함되어 있는 것이다.(밑줄은 인용자, 『자본론』 제1권, 디츠판 91-92쪽)

첫 번째 밑줄 친 부분은 상품교환관계가 있다면 '가치의 실체'에 상당할 '추상적 인간노동'에 대하여, 두 번째 밑줄 부분은 마찬가지로 '가치 그 자체'에 상당할 '대상화된 노동'에 대하여, 세 번째 밑줄 부분은 '가치의 크기'에 상당할 '평균적인 필요노동시간'에 대하여 이야기하고 있다. 그리고 그러한 것에서부터 마르크스는 로빈슨의 생활에는 '가치의 모든 본질적 규정이 포함되어 있다'고 한 것이다. 도식화하면 다음과 같다.

마르크스 가치론	마르크스 자신에 의한 규정
가치 형태 ↓ 가치의 크기 가치 실체 가치 그 자체	가치의 현상적 규정 ↓ 가치의 본질적 규정

즉 다케타니는 마르크스 가치론 안에서 현상-실체-본질의 3단계를 보려고 했지만 마르크스는 현상-본질의 2단계 외에는 생각하지 않았다는 것이다. 그런데 마르크스가 가치 그 자체와 가치 실체를 나눈 것은 왜일까. 또한 과연 마르크스의 '실체' 개념을 다케타니의 그것과 같은 것으로 봐도 좋은 것일까.

'배후성'이 결여되어 있는 다케타니의 '실체' 개념

생각해 보면 '가치 그 자체'는 상품과 함께 백화점이나 슈퍼의 가게 앞에 정지상태로 존재하는 것에 비하여 '가치 실체'인 추상적 인간노동은 공장 등에 활동상태로 존재하는 것이기 때문에 양자를 구별하는 것은 당연하다. 그리고 가치의 본질이라고 해도 좋은 '가치 그 자체'는 '덧없는 대상성'(『자본론』제1권, 디츠판 52쪽)으로 '눈으로 볼 수 없는' 것에 비해 '가치 실체'인 추상적 인간노동은 '눈으로 볼 수 있다'는 점에서도 다케타니의 '눈으로 볼 수 없는' 본질과 '눈으로 볼 수 있는' 실체(모델)의 관계에 가깝다.

그러나 유사성은 여기까지다. 예를 들어 뉴턴 역학의 형성에서 '실체'인 혹성의 타원궤도와 '본질'인 만유인력은 다른 별도의 장소에 존재하는 것이 아니다. 당연한 말이지만 같은 장소에 존재한다. 그러나 가치 그 자체와 가치 실체는 다른 장소에 존재한다. 이 또한 당연하지만 가치 그 자체는 백화점이나 슈퍼에 존재하는 것에 비해 가치 실체인 추상적 인간노동은 공장이나 전답에 존재한다. 즉 양자가 구별되는 것은 다케타니 이론의 본질과 실체처럼 '논리단계'가 다르기 때문이라기보다도 원래 '존재하는 장소'가 다르기 때문이다. 그리고 이 장소 및 위치가 다르다는 것이야말로 마르크스가 구태여 '실체' 개념을 사용한 이유이기도 하다.

'실체'의 독일어인 substanz, substance의 sub은 라틴어로 '아래'라는 의미다. 잠수함은 바다(면)의 '아래'에 있기 때문에 submarine이고 지하철은 도로 '아래'에 있기 때문에 subway다. 바다 가운데에 잠기면 잠수함을 볼 수 있지만 해수면에서는 볼 수 없고 지하철도 지상에서는 볼 수 없다. 마찬가지로 가치 실체인 추상적인 인간노동은 공장까지 가면 볼 수 있지만 백화점이나 슈퍼에서는 볼 수 없다. 이 가치 실체에 대해서는 '아래'라고 하기보다는 '배후'라고 하는 것이 좋을 것이다. 스피노자가 신을 '실체'라고 부른 것도 같은 의미라고 생각한다. 신은 인간의 '배후'에 있으면서 인간을 통제하기 때문이다.

다케타니의 '실체' 개념에는 이 '배후성'이 결여되어 있다. 그것은 마르크스뿐만 아니라 서구철학 전체의 '실체' 개념과는 유사하지만 다른 것이다.

4 │ 이론사적 연구로 취직

과학론에서 가치론으로

다케타니 3단계론을 중심으로 과학사, 과학론을 공부한 것은 좋았지만 좀처럼 본래의 목적인 기술론으로 나가지 못한 채 '가치론'에 관심이 갔다. 뒤돌아보면 과학론에서 가치론으로 나아가는 흐름이 자연스러운 것이었는지도 모른다. 그러나 '다케타니의 기술론 → 경제사 → 공황사'라는 당초의 계획은 말뿐이고 십수 년 후에 겨우 입구에 선 것 같은 결과가 되어 버렸다.

문제는 그것만이 아니었다. 가치론으로 연구대상을 옮긴다고 해도 제4장에서 말한 바와 같이 우노의 경제원론 세계는 벗어나고 싶은 세계 그 자체였기 때문에 우노의 방법론에 입각해 가치론을 연구할 기분은 도저히 들지 않았다. 그런데 내가 다니던 대학원에는 우노파의 가치론 연구자 외에 다른 연구자가 없었다. 이론사적 연구도 물론 생각했으나 마르크스 경제학의 경제학사 강의는 없었고 경제학사라고 하면 네기시 다카시(根岸隆) 선생의 근대경제학계의 경제학사밖에 없었다.

네기시 다카시 선생이라고 하면 일반균형이론, 후생경제학과 국제경제학의 업적으로 노벨경제학상에 가장 가까운 일본인으로 계속 언급되어 왔던 인물이다. 마르크스 경제학의 변두리에 있는 사람인 나 따위는 문전박대당할 것 같았다. 그런데 용기를 내어 수업에 나갔을 때 선생은 차별하지 않고 맞이하여 주었으며 마르크스를 논할 때에는 일부러 의견을 구하기도 하였다.

네기시 다카시 선생에게서 배운
완전경쟁과 자유경쟁의 차이

솔직히 말해 네기시 선생의 수업 내용을 내가 절반이나 이해했는지는 의문이지만 그 후 나의 연구에 있어서 상당히 참고가 되었던 것이 완전경쟁과 자유경쟁의 차이였다. 본서에서는 이 이상 다루지 않겠지만 간단하게 말하면 완전경쟁에서는 파는 쪽이 가격을 바꿀 수 없지만 자유경쟁에서는 바꿀 수도 있다는 것이다. 즉 자유경쟁은 어떤 종류의 '과점'을 전제로 하는 것이고 그 생각은 나의 자유경제관과 부합했다. 왜냐하면 자유경쟁이라고 해도 자본가계급이 생산수단

을 독점하고 있다는 의미에서는 어떤 종류든 '과점'을 전제
로 하고 있기 때문이다.

수리 마르크스 경제학의 학설사적 연구로 취업

최종적으로 나는 드미트리예프나 볼도키예비치 같은 수
리 마르크스 경제학의 원류 학자들의 학설사적인 연구로 논
문을 썼고 취직을 하게 되었다. 그 후에도 주된 연구대상은
가치론, 가격론이었는데 기회를 보아 기술론 연구도 시도했
다. 다음 장은 그 결과 보고다.

7장

기술의 본질 규정과
문리융합

1 | 체계설의 빛줄기

이과에서도 지지할 수 있는 체계설

전쟁 시기부터 전후에 걸쳐 전개된 기술론 논쟁은 기술의 본질을 '노동수단의 체계'로 파악하는 체계설에서 지나치게 기술개발의 주체인 기술자가 무시되고 있다는 주장 아래 다케타니 미츠오가 기술을 '생산실천에 있어서 객관적 법칙성의 의식적 적용'으로 파악하는 적용설을 제출한 이후 본격적으로 시작됐다고 볼 수 있다. 이를 도식화하면 다음과 같다.

	체계설	적용설
기술의 규정	노동수단의 체계	생산실천에 있어서 객관적 법칙성의 의식적 적용
주된 제창자	부하린(러시아 혁명가)	다케타니 미츠오 호시노 요시로(星野芳郎)
주된 기술자	철학자, 경제학자	물리학자, 기술자

이 논쟁에 관한 연구는 일본 자본주의 논쟁 연구에 뒤지지 않을 만큼 상당히 많다. 이 또한 나 같은 사람이 개입할 만한 여지가 없지만 내가 체험한 사례에 기초해서 볼 때 몇 가지 논의되고 있지 않다고 생각하는 점을 이야기하고자 한다.

먼저 바로 앞 표에 있는 것처럼 체계설은 문과, 적용설은 이과에 지지자가 많다고 해도 좋다. 예외도 있다. 문과이면서도 적용설을 지지한 학자로 우치다 요시히코(內田義彦)가 있다. 우치다는 나중에 아담 스미스 연구자로 이름을 날렸는데 그 전에 기술론을 연구하고 있었던 다케타니에 공감했던 것 같다. 다만 우치다는 전시 화학 실험에 관심을 가졌으므로 문과 학자로서는 예외 중의 예외일 것이다. 다케타니설을 지지한다는 것, 자연과학의 법칙을 적용한다는 것은 어떤 것인가. 그럴 수 있겠다고 생각할 수 있지만 이과(문과로 전환한 이과도 포함하여)에 지지자가 한정되어 있는 것은 아닐까라고 생각하는 것이 자연스러울 터이다.

체계설을 지지하는 이과 연구자는 꽤 있다. 그 대표는 나중에 이야기할 터이지만 보일러 연구자인 이시가이 세이칸(石谷淸幹, 일본의 기계공학자)이다. 생각해 보면 '노동수단의 체계'의 노동수단은 '사용'하는 측뿐만이 아니라 '만드는' 측에서 바라봐도 이해가 되기 때문이다. '사용'하는 측에서 보는 문과적 관점만이 아니라 '만드는' 측에서 보는 이과적 관점에서도 체계설은 허용될 수 있다. 그리고 시험용 이과 '뇌'

를 소유한 나도 최초로 영향을 받은 것은 체계설에 기반을
둔 논의였다.

설득력 있었던 나카무라 세이지의
토지제도사학파 비판

전후 체계설에 입각해 기술론 연구의 입장에서 열정적으
로 일본경제를 분석한 것은 나카무라 세이지였다. 나카무라
는 전전 일본 자본주의 논쟁을 다룬 노로 에이타로(野呂榮太
郞)의 『일본 자본주의 발달사』를 헌책방에서 얻고서는 놀라
운 책이라고 말할 정도로 큰 감명을 받았다. 그러고 나서 노
로의 책과 이와나미쇼텐의 『일본 자본주의 발달사 강의』 안
에서도 야마다 모리타로(山曲盛太郞)의 『공장공업의 발달』
을 …… 발췌, 요점만 뽑아 기록한 것을 졸업논문으로 했다
(나카무라 세이지, 『현대자본주의논쟁』, 아오키쇼텐, 1981, 38쪽)고
하듯이 강좌파를 지지하면서도 '전후 야마다의 학통을 잇는
'야마다학파'에 대해서는 '별로 좋을 것 같지는 않은데'라고
하면서 야마다학파 즉 토지제도사학파(의 이론과 현상분야)를
비판하고 있다. 몇 가지 논점을 인용해 보자.

(1) 중화학공업=제1부문(생산수단 생산부문)설 비판

야마다 모리타로의 경우처럼 중화학공업을 '가령 제1부문으로 하면'이라고 단정짓는 경우도 있지만 무한정 제1부문으로 논의되는 경우도 종종 있다 …… 일본 자본주의의 경우 중화학공업으로 분류되는 모든 공업을 군수품을 빼고 제1부문 고유의 것으로 간주해도 큰 문제가 없었던 것은 만주사변(1931년)경까지로, 즉 노로 에이타로의 『일본 자본주의 발달사』나 야마다 모리타로의 『일본 자본주의 분석』이 대상으로 했던 시기까지이다. 그리하여 이론적으로 문제가 있고 경공업, 중화학공업이라는 한정된 주제로 분석을 했지만 뛰어난 전망을 이끌어 낼 수 있었다고 생각한다. 그런데 전후에는 야마다에 의해 '거대신예'라고 불리는 가전이나 자동차공업 등의 '체계적인 창출'이 일어난 후부터―다만 전기냉장고, 세탁기, 청소기, 냉방기는 1930~1931년경에 시판되기 시작했고 닷선 승용차 생산도 1933년이며 이 기초들 위에서 전후가 전개되었다―중화학공업과 경공업의 구분은 마르크스 재생산표식의 1, 2부문에 그대로 대응하는 것이 없다.(밑줄은 인용자, 62-63쪽)

(2) '전후 대불황기 단계'설 비판

야마다는 …… 1962년, 1965년의 불황이 …… 내적 모순의 폭발로서의 '위기'라고 규정하고 컬러 텔레비전, 자동차 보급의 폭발

이전에 '전후 대불황 단계'를 설정하고 있다 …… 1965년 불황 이후의 60년대 후반의 투자 규모는 거의 모든 부문에서 <u>60년대 전반의 그것을 훨씬 더 상회하는 거대한 것이 되었다.</u> 이것을 가능하게 한 물적 기초는 기계 장치의 진보, 특히 자동화기기의 진보이다. …… 철강, 화학 소재부문의 거대화는 자동차, 선박, 기계 그 외의 완성품의 경쟁을 한층 더 강화하고 그리하여 생산의 확대가 지속되며, <u>1966년 이후에는 실업률도 내려가고 유효구인 비율도 1974년에 이를 때까지 늘 1을 넘어서는 상황이었다</u> …… 이것이 야마다가 경고하고 설정한 '전후 대불황 단계'의 실정이다.(밑줄은 인용자, 64-65쪽)

(3) 지나친 '단절설' 비판

전후 1951년부터 시작한 철강의 제1차 합리화 투자는 물론 승용차, 가전기기, 석유화학, 합섬의 전개를 배후에서 지탱해 준 것으로서 무시할 수 없는 것이 <u>전전에 이미 기초를 공고히 한 재봉틀, 카메라, 시계, 쌍안경 등 경기계공업의 병기생산, 군수로부터 민수로의 재전환에 의한 수출 증대, 수출산업의 육성이다. 이 경기계류들과 면제품의 수출대금으로 신식 기계, 플랜트류, 더 나아가서는 특허의 수입이 이루어졌다.</u>

나는 기술도입 일변도의 내적 원인으로서 먼저 태평양전쟁으로 인한 설비의 황폐화를 들면서도 그 안에 병기 개량을 위한 일본의 독자적인 연구, 세계 수준인 기술상의 업적이 축적되어 있었다는 것, 과학자, 기술자, 숙련공 그리고 관리자, 중견 경영급이 그대로 전후에도 계승되었다는 것 등을 들어 그 안에서 미나미 가츠카(南克己)의 주장이 지나치다고 비판했다.(밑줄은 인용자, 70-71쪽)

첫 번째 밑줄과 세 번째 밑줄에 나타난 나카무라 세이지의 야마타 모리타로, 미나미 가츠카 비판은 내가 보기엔 전적으로 옳다. 약간 보충하자면 미나미 가츠카는 전후 미일관계를 분석하고자 제1부문(생산수단 생산부문)을 1B(첨단부문)―원자력, 컴퓨터 등―와 1A(재래부문)―철강, 수송기계, 화학 등―로 나누고 미국이 일본에 1A를 강제하면서 자기들은 군수부문을 중심에 포함하는 1B 부문으로 특화하려고 했다고 주장했다. 그러나 나카무라가 두 번째 밑줄에서 말하듯이 1960년대 후반의 일본의 철강 콤비나트나 석유화학 콤비나트에 '컴퓨터'라고 하는 1B의 본격적인 도입이 이루어졌다.

그런데 미나미는 1B가 군수부문을 포함하고 있지만 원래 군수부문은 사치재부문 즉 제2부문이지 제1부문이 아니라고 본다. 그 점은 미나미 가츠카의 은사인 야마타 모리타로가 『재생산과정표식분석서설』(야마타 모리타로, 제1권, 이와나미쇼텐, 1983, 171쪽)에서 분명히 이야기하고 있는 것이다. 더 나아가 나카무라가 첫 번째 밑줄에서 말하듯이 일본의 주요 수출산업이 된 가전이나 승용차는 아무리 생각해도 소비재이고 제2부문의 생산물이기 때문에 일본의 주요한 중화학공업이 1A 즉 제1부문에서 대표가 되어야 할 이유는 없다.

세 번째 밑줄에 대해 말하자면 현재 세계에서 가장 뛰어난 자동차 기업이 된 토요타의 전신이 풍전자동직기(豊田自動織機)라는 것과 마찬가지로 세계적인 전자기기 기업이 된 캐논의 회사명의 유래가 전시 중에 시도된 카메라 '관음 2호'라는 것 등을 생각하면 충분히 수긍 가는 이야기다.

문제는 일본의 경제학자 안에서 예외적으로 생산의 깊은 곳까지 파고 내려가 일본경제를 분석하려고 한 야마타나 미나미의 오류를 체계설에 입각한 기술론학자인 나카무라가 지적할 수 있었는가 하는 것이다. 결론부터 말하면 나는 야마타나 미나미가 생산력을 '생산력 단계'로서 고정적으로 파악한 것에 비해 나카무라는 생산력을 '운동'으로 파악한 이유가 크다고 생각한다. 첫 번째 밑줄에서 나카무라는 야마타가 산업자본주의 확립기의 연장으로 파악한 1930년대의 일본 자본주의의 생산력을 포디즘의 도입과 확립을 향한 변혁기로 파악했다. 두 번째 밑줄에서 야마타와 미나미가 1960년대 후반의 일본 경제를 강제된 1A의 생산력 연장으로 파악하려고 한 것에 비해 나카무라는 콤비나트의 도입에 의한 자동화라는 생산력 발전의 모습으로 파악하였다. 세 번째 밑줄에서 나카무라는 전전의 구 생산력과 전후의 새로운 생산력의 '접속' 즉, 단절이라고 말할 정도의 급격한 변화를 '처리

하는 방식'에 초점을 두었음을 알 수 있다. 그리고 이렇게 나카무라가 생산력을 '운동'으로 파악하는 것을 가능하게 한 개념이야말로 '노동수단과 노동자의 결합 방식'임과 동시에 '생산력의 운동형태'이기도 한 '생산양식' 개념이었다고 나는 생각한다.

기술과 생산양식을 직접 결합할 수 있는 체계설

다만 나는 생산양식 개념인 '노동수단과 노동자의 결합'에 노동대상도 포함시켰다. '생산수단은 노동자(력)와 결합되어야' 한다고 생각한다. 제5장에서 인용한 나가하라 게이지의 저작에 있는 모시에서 목면으로의 '노동대상' 변화가 방직생산의 생산력을 비약적으로 증대시킨 것처럼 이런 경우가 때때로 있다고 생각하기 때문이다. '생산의 객체적인 요인과 주체적 요인의 결합양식'인 생산양식이 동시에 '생산력의 운동형태'이기도 하다면 이러한 생산력의 변화를 경시할 수 없을 것이다. 나카무라 세이지가 체계설에 충실하기 위해 생산력의 규정 요인으로서 노동대상의 독자성을 인정하지 않아 노동대상이 노동수단에 일방적으로 종속되는 무리한 논의를 되풀이한 것은 불행한 일이라고 생각한다.

하지만 생산양식을 '생산수단과 노동자(력)의 결합 방식'으로 정의하면 생산수단의 일부인 노동수단을 통해 '노동수단의 체계'로서의 기술과 생산양식이 직접 결합할 수 있다. 여기에 체계설의 장점이 있다는 것은 나카무라의 업적에 비추어 봐서도 인정할 수 있는 것 아닐까.

체계설의 '협소함'과 적용설의 '광범위함'

기술과 생산양식을 직접 결합할 수 있다는 장점이 체계설에 있다고 해도 기술자를 노동수단에 국한시키는 것에 대해서는 기술의 범위가 매우 좁기 때문에 애초부터 비판이 많았다. 그러나 그러한 비판이 체계설의 매우 부분적인 수정을 끌어낸 것에 비하여 다케타니 미츠오는 전혀 다른 시각에서 '법칙성의 적용'이라고 하는 새로운 기술의 본질 규정을 제기하면서 체계설을 비판했다.

사실 적용설에는 '생산실천에 있어서 객관적인 법칙성이 의식적으로 적용된'의 '생산'을 '인간'으로 바꾼 '인간실천에 있어서 주관적인 법칙성의 의식적 적용'이라고 생각하는 다른 버전이 존재한다. 이 버전이라면 가전이나 승용차라는 생활수단에 체현된 기술도 설명할 수 있다. 이 기술로 파악할 수 있는 범위의 확장은 기술론의 방향성으로서 올바르다고 생각한다.

예를 들어 비즈니스용 휴대전화(노동수단)와 개인용 휴대전화(생활수단)를 나누는 사람이 있다고 해서 휴대전화라는 기술의 본질이 다르다고 할 수 있는가. 휴대전화에는 스팸차단 등의 고도의 기술이 집적되어 있지만 그 기술의 기본은 맥스웰 전자법칙을 통신수단에 응용한 것이고 그 점에서 비즈니스용과 개인용은 전혀 차이가 없다. 이 점에서 적용설이 체계설보다 우위에 있다는 것은 분명하지 않을까.

다케타니 미츠오 3단계론과 적용설

더욱이 다케타니는 자신의 기술론을 3단계론이라고 하는 스스로 제창한 과학방법론에 의해 입증하고자 했다. 이것을 도식화하면 다음과 같다.

기술론	3단계론
생산요소의 '기능'	현상론
↓	↓
노동수단의 체계	실체론
↓?	↓
객관적 법칙성의 의식적 적용	본질론

다케타니는 체계설을 전면적으로 비판하는 것이 아니라

그 실체론으로서의 의식은 인정하지만 그럼에도 불구하고 그것이 기술의 본질은 아니라고 하는 것이다. 다케타니는 상향법을 좋아하지 않았던 것 같지만 만일 '법칙성의 적용'으로부터 '노동수단의 체계'로의 상향을 인정한다면 간접적이긴 해도 노동수단을 매개로 하여 적용설에서는 기술의 본질과 생산양식=생산력의 운동형태를 연결하는 것도 가능할 것이다.

이것은 잘 고찰된 훌륭한 체계라고 생각하지만 한 가지 문제가 있다. 그것은 노동수단의 체계가 기능하는 장소와 '법칙성의 의식적 적용'이 이루어지는 장소가 다르다는 것이다.

동일한 3단계론에서 뉴턴 역학의 형성은 실체론의 혹성이 타원 운동하는 장소와 본질론의 만유인력이 작용하는 장소가 같다. 반면에 기술론의 발전은 실체론의 노동수단의 체계가 기능하는 장소가 공장인 데 비해, '법칙의 의식적 적용'이 이루어지는 장소는 시험장이나 연구소가 아닐까. 그렇다면 양자의 관계는 다케타니 3단계론에서 말하는 실체와 본질과 관계없는 것이 아닐까 하는 의문이 생겨날 수밖에 없다.

'소프트(정보)'로서의 '적용'

여기서부터가 본론인데, 적용설에 있어서 '적용'은 최초의 기술개발 시점만이 아니라 그 기술을 이용하는 모든 시점에서 이루어지는 것으로 간주된다. 예를 들면 전동모터의 기술은 플레밍 법칙을 동력기에 '적용'한 것인데 그 적용은 전동모터를 개발한 시점에 연구소에서 이루어진 것에 그치지 않고 전동모터를 사용한 시점의 공장에서도 이루어진다는 것이다.

이러한 종류의 비약이 가능한 것은 적용설이 기술을 '소프트(정보)'로 생각하기 때문이다. 개발 시점에서의 연구소의 '적용'과 생산 시점에서의 공장의 '적용' 관계는 콘서트 라이브 연주와 그것을 녹음한 CD를 집에서 재생하는 관계와 비교하면 쉽게 알 수 있지 않을까 싶다.

영원히 복사되는 '적용'

연주를 예로 들자면 어떤 오케스트라의 연주를 집에서 스테레오로 들은 사람은 그 스테레오로 듣는 음악을 틀림없이 오케스트라의 '연주'로 들었을 것이다. 그러한 의미에서 오케스트라의 연주는 콘서트 무대가 아니라 CD를 산 사람의 집에서도 이루어진다.

마찬가지로 그 기술을 탑재한 기계를 산 경영자에게 있어서 법칙성의 '적용'은 기술을 개발한 연구소에서 이루어지는 게 아니라 기계를 가동시키는 공장에서, 생산실천으로서 이루어지는 것이라고 적용설은 생각한다는 것이다. 이 '연주'와 '적용'의 공통점은 어느 쪽도 생성된 장소에만 존재하는 한 번의 실천이 아니라 CD나 기계에 탑재되어 유통되고 몇 번이고 재생할 수 있는 '정보'로 파악된다는 것이다.

　한쪽은 저작권, 다른 쪽은 특허권이라는 차이는 있지만 양자 모두 지적 재산으로 보호됨과 동시에 일정 기간이 지나면 공공재가 되고 원리적으로는 무한 복사가 가능하다. 즉 적용설의 생각에서 기술은 일단 창조되면 영원히 계속 존재하는 것이다.

3 │ 정보혁명과 기술론

정보혁명과 체계설

여기서 다시 나의 개인적 경험을 말하고 싶다. 앞에서 쓴 것처럼 내가 처음에 영향을 받은 기술론은 체계설이었다. 체계설적인 관점을 몸에 익히고도 변함없이 경제사 문헌은 읽을 수 없었다. 그러나 현상분석 문헌에 대해서는 수식도 없고 상향법적이지 않아도 대략 이해할 수 있게 되었다.

이 체계설적인 기술론을 내가 알게 된 1980년대는 반사회주의, 반케인스주의인 신자유주의 바람이 불기 시작함과 동시에 가정용 컴퓨터 보급으로 분산형 컴퓨터 도입에 의한 정보혁명의 제1단계가 일어난 시대였다. 일본은 이 가정용 컴퓨터 보급을 활성화하는 생산체제 구축에 일찌감치 성공하고 수출력을 강화하여 경기 호황의 길에 뛰어올라 갔다. 나는 그 시기 마르크스 경제학의 현상분석은 정보혁명이 산업혁명에 필적한다는 것을 다른 학문보다 먼저 선구적으로 주장한 나카무라 세이지가 이끄는 체계설적인 현상분석의 영향을 받았다고 생각한다. 나카무라 현상분석의 이론적인 지주가 된 것이 이 장 첫 부분에서 말한 보일러 학자, 이시가이 세이칸에 의한 기술사 연구였다. 이하 나카무라의 저서에서 그 이시가이의 기술사의 줄기를 인용해 보자.

먼저 주목해야 할 것은 순수한 이과 인간인 이시가이가 기술사를 노동수단으로 단계 구분하고 있는 점이다. 기술을 노동수단의 체계로 보는 체계설을 지켜내려고 애쓴 나카무라가 이시가이를 존경하고 일관되게 높이 평가한 것도 당연하다 할 것이다. 또한 도구로부터 기계로의 이행 즉 산업혁명에 필적하는 이행시대인 컴퓨터 시대로의 이행이 위치 지워지고 있다는 데에도 주의해야 할 것이다. 아직도 정보혁명 이후의 기계가 본질적으로 산업혁명기의 기계와 다르지 않다고 주장하는 학자가 있다는 것을 생각하면 1970년대 초에 이렇게 이야기한 이시가이의 선견지명은 주목할 만하다.

그러나 이러한 논의가 유효성을 유지할 수 있었던 것은 정보혁명이 하드웨어혁명에 머무르는 한에서였다. 1990년대가 되자 인터넷의 보급과 정보혁명의 소프트웨어화가 진전되면서 그 대단한 체계설적 현상분석도 빛을 잃어 가기 시작했다.

이시가이 세이칸에 의한 기술사의 단계 구분

기술사	동력사	제도기술사
천연도구시대	인력시대(걸음마)	(원인류 뇌의 시대)
인공도구시대	인력시대 (직립보행 완성)	(현인류 뇌의 시대)
도구제 기계시대	축력시대	숙련자 시대
기계제 기계시대	풍차 수차시대, 열기관 시대	비숙련자 시대
기계 제어의 기계시대	외연식 가스터빈 시대 (원자력시대)	자동제어 시대

이시가이 세이칸, 「기술발달의 근본요인과 기술사의 시대구분」, 『과학사연구』 제35호, 1995

정보혁명과 적용설

적용설은 이 정보혁명에 어떻게 대처했을까. 이것은 좀
더 확실하지 않다. 다케타니가 방사능의 안전성 문제를 계속
추궁하고 정보혁명은 거기에 잠재한 법칙성의 이학(理學)이
라기 보다 공학의 문제라 보고 관심이 적어졌기 때문이다.

그러나 나는 1990년대가 되자 차차 적용설을 정면에서
문제 삼아야 한다고 생각하게 되었다. 1980년대의 나는 당
초 뉴턴과 마르크스를 종합한 기술론으로서 적용설에 기대
를 걸었지만 그것이 전형적인 이과 인간의 기술론인 것을 알
고 난 후부터는 관심을 잃었다. 그러나 1990년대가 되자 과

학상의 연구 성과가 산업화되기까지의 기간이 점점 더 짧아지고 과학(법칙성의 발견)과 기술(법칙성의 산업에의 적용)이 다케타니의 예상을 넘어 가까워지기 시작했다. 흥미롭게도 다케타니가 일시적이지만 희망을 걸었던 소련형 사회주의가 붕괴한 후 적용설이 이상으로 삼았던 기술 공간이 만들어지게 되었다. 그것은 나에게 이과 뇌로부터 벗어난 나 자신의 성장과 현대사회 비판의 과제가 중첩된다는 것을 의미했다.

4 | '제2자연의 운동'으로서의 기술

불멸의 공적으로서의 발명과
역사적으로 변동하는 기술

적용설에서 '법칙(성)'이란 한마디로 말하면 '발명'의 법칙이다. '발명'은 과학상의 '발견'과 마찬가지로 인류사상의 '불멸'의 공적으로서 영원히 드러나야 할 존재이다. 그러한 의미에서 '초'역사적이다. 그러나 적용설에 의하면 그 발명은 생산'실천' 및 인간'실천'의 장에 활용될 때 비로소 기술이 된다. 실천은 역사적인 개념이기 때문에 그러한 의미에서 발명은 '초'역사적이고 기술은 역사적이다. 그런데 이 '초'역사적인 발명은 역사적이어야 할 기술과 모순되는 것은 아닐까.

예를 들어 아무리 위대한 발명일지라도 최초의 발명이 그대로 사회에 수용되는 일은 드물다. 마르크스는 이 점에 대하여 다음과 같이 말하고 있다.

이미 이루어진 모든 발견들을 어떻게 가장 간단하게 실행할 것인가. 이론의 실시—생산과정에 적용하기—에 있어서 어떠한 실제적인 문제점을 극복하는 것 등은 결합노동자의 경험에 의해 비로소 발견되고 또 나타난다.

일반적으로 새로운 발명을 기초로 하는 사업을 경영하기 위한 비용은 최초의 실패 이후 "그 유산으로부터" 나타나는 사업의 비용에 비해 훨씬 크다 …… 이 때문에 최초의 기업가들은 대개 파산하고 건물, 기계설비 등을 더 싸게 손에 넣은 후대의 기업가들이 비로소 번영한다 ……(밑줄은 인용자, 『자본론』 제3권, 디츠판, 113-114쪽)

마르크스의 이 인용문 중 앞 단락은 원숭이 인형이라고 이야기되고 제조과정의 개선에 주력하여 발전을 거둔 일본 기업을 떠올리게 한다. 인용문은 참된 공로자가 아니라 두 번째 세 번째의 후속자가 과즙을 마시는 냉혹한 법칙을 지적한다. 기술개발의 보수나 특허 취득을 둘러싼 마찰이 현대에도 끊이지 않는 것은 이 법칙이 마르크스가 살았던 19세기만이 아니라 21세기 현대에도 관철되고 있다는 것을 보여주는 것 아닐까.

인류사로서의 '초'역사성과 자연사로서의 역사성

이 '초'역사적인 적용 개념과 역사적인 '실천' 개념의 모순은 적용설의 최대 문제점으로 여겨진다. 내 생각이 들어간 것인지는 모르지만 이 모순은 동시에 '초'역사적인 '적용' 개념=이과적 기술관과 역사적인 '실천' 개념=문과적인 기술관의 모순을 의미하고 그 해결=지양은 문리융합으로 가는 길을 개척할 가능성이 있다.

그런데 이 모순은 어떻게 하면 지양할 수 있을까.

나는 '법칙(성)의 적용'=발명이 인류사 안에서는 '초'역사적이지만 자연사 안에서는 역사적이라는 점에 착목해야 한다고 생각한다. 즉 '법칙(성)의 적용'=발명의 '초'역사성과 생산(인간)실천의 역사성 간의 모순은 양자를 인류사가 아니라 자연사에서 파악하면 지양할 수 있다고 생각한다.

인류사 안에서 발명은 발명가의 행위로 파악되지만 자연사 안에서의 발명은 발명된 인공물 즉 '제2의 자연'이다. 그리고 '제2의 자연'이 주체가 되는 이상 인류사에 있어서 주체로서의 '인간'의 '실천'은 객체로서의 '제2의 자연'의 '운동'에 포함된다.

'제2의 자연의 운동'으로서의 기술

기술을 이렇게 '제2의 자연의 운동'으로 파악하는 몇 가지 경우를 예로 들어 고찰해 보자.

(1) 원시인이 획득물에 던진 창

먼저 가장 간단한 노동수단으로서 원시인이 수렵을 위해 제작한 창을 생각해 보자. 창은 천연물이 아니므로 당연히 제2의 자연이다. 그 제2의 자연인 창이 획득물을 향해 곡선을 그리며 날아가 획득물을 맞추었을 때 그 운동을 기술이라고 한다.

(2) 상품 개량

다음으로 다케타니 미츠오가 체계설을 비판할 때 사용한 품종개량을 들어보자. 품종개량에 의해 한랭지에 강한 벼가 산출된다. 그 싹이 바로 제2의 자연이다. 한랭지에 강한 품종이 추운 여름을 지나 가을에 이삭을 거둘 때 즉, 벼의 성장은 기술이다.

(3) 항해술에 천문학 적용하기

마지막으로 다케타니 미츠오가 체계설을 비판할 때 응용한, 항해술에 천문학을 적용하는 것을 들어보자. 이전에는 전체의 위치 관측이 주위에 육지를 볼 수 없는 넓은 바다에서 배의 위치를 확정하는 데 가장 큰 역할을 했다. 그것은 한 치의 오차도 없는, 항해에 불가결한 기술이었지만 기술의 핵심은 천문학 지식의 이용, 즉 다케타니가 말하는, 천문학에서 얻은 천체의 법칙(성)을 항해술에 '적용'하는 것이다. 망원경 등의 노동수단은 어디까지나 부차적인 수단에 지나지 않았다.

그러나 나는 이때 천문학을 배움으로써 '바뀐 항해사의 뇌세포'가 제2의 자연이라고 생각한다. 그 항해사의 뇌세포 움직임이 선박의 방향을 결정한다. 제2의 자연인 항해사의 뇌세포 움직임 즉, 운동이야말로 이 경우의 기술이다.

이상은 물론 가설이다. 그러나 나는 이 가설을 종종 시도해 보고 싶다. 그것은 기술사 더 나아가 경제사를 자연사의 일환으로 파악하려고 하는 시도이다.

8장

문과로부터의
문리융합과
이과로부터의
문리융합

1 │ 마르크스 이론의 발전에 의한 문리융합

'과학'관과 '기술'관에 있어서 문과와 이과의 차이

기계치임에도 불구하고 시험기술적인 이과 인간이 된, 난독증 극복의 '여행' 이야기는 앞 장까지로 끝낸다. 다행스럽게도 앞 장에서 말했듯이 기술을 '제2의 자연의 운동'으로 파악하게 된 이후, 마지막 '벽'이었던 경제사 문헌도 교양서나 교과서 수준이라면 문제 없이 읽을 수 있게 되었다.

반복하는 말이지만, 문과와 이과의 차이는 크게 '과학'관의 차이와 '기술'관의 차이로 집약할 수 있다. 도식화하면 다음과 같다.

과학관

문과	이과
하향법을 전제로 하고 하향법을 포함하는 상향법(마르크스의 과학관)	하향법에 의한 분석과 실험 관측에 의한 검증(자연과학의 과학관)

기술관

문과	이과
경영자의 선택 대상 (역사적)	불멸의 공적으로서의 발명 (초역사적)

　문과의 과학관을 마르크스 과학관으로 대표하는 데에는 다른 견해가 많을 것이다. 막스 베버처럼 자연과학과 사회과학의 방법을 나누는 논의는 제외한다고 해도 과학의 일반적 방법론으로 사회학자 콩트의 실증주의나 철학자 포퍼의 반실증주의 같은, 비마르크스적인 과학적 방법론이 문과 학문 영역에 존재하기 때문이다. 그러나 그러한 이론에 대해서는 콩트나 포퍼의 과학관이 자연과학을 모델로 하고 자연과학으로부터 추상한 과학관인 것에 비하여 마르크스의 과학관은 인문사회과학, 특히 경제학으로부터 추상한 과학관이라는 것을 강조하고 싶다. 인문사회과학으로부터 추상한 과학관이나 과학방법론을, 자연과학에도 알맞은 보편적인 과학관, 과학방법론이라고 주장한 사상가는 마르크스밖에 없다.

　그렇다면 문과와 이과의 차이를 지양하는 과학관, 기술관이란 무엇일까.

마르크스 이론의 발전에 따른
문과와 이과 차이의 지양

그 대답은 이미 사실상 앞 장에서 한 바 있지만 여기서 다시 요약해 보자.

(1) 마르크스 이론의 발전에 따른 '과학관' 차이의 지양

첫째는 문과와 이과의 '과학관' 차이의 지양에 대한 것인데, 이를 위해 참고해야 할 마르크스의 논리는 아래 두 군데에 나타나 있다고 생각한다.

경제적 형태의 분석에서는 현미경도, 화학적 실험도 아무 역할을 하지 못한다. 추상력이 양자를 대신하지 않으면 안 된다.(밑줄은 인용자, 『자본론』 제1권, 디츠판, 12쪽)

서술 방식은 형식으로서는 연구 방식과 구별되어야 한다. 연구는 소재를 상세하게 내 것으로 만들고 소재의 여러 가지 발전 형태를 분석하고 그것들의 내적인 유대를 찾아내지 않으면 안 된다. 이 일을 다 한 후에 비로소 현실의 운동을 그것에 걸맞게 서술할 수 있다. 이것이 성공하여 소재의 생명이 관념적으로 반영되면 마치 어떤 '선험적인' 구성에 연관되는 것처럼 생각될지도 모른다.(밑줄은 인용자, 상동, 27쪽)

이러한 마르크스의 논리를 도식화해 보면 다음과 같다.

	인문사회과학	자연과학
하향법 (연구 방식)	하향의 수단-'추상력'	하향의 수단-'현미경, 화학적 시험'(실험기구, 관측기구)
상향법 (서술 방식)	상향의 결과-'소재의 생명의 관념적인 반영'	상향의 결과-?

여기서 마르크스가 인문사회과학을 염두에 두고 제시한 과학관 즉 '하향법을 포함하는 상향법'이라는 과학관을 '추상'='실험'이라는, 역시 마르크스가 시사한 인문사회과학과 자연과학의 대응관계에 따라 발전시키면, 결과적으로 아래와 같은 도식을 만들 수 있지 않을까.

과학관

문과계	이과계
'하향법을 전제로 하향법을 포함하는 상향법'(마르크스의 과학관)	'하향법에 의한 분석과 실험 관측을 통한 검증'(자연과학의 과학관)

문리를 융합시킨 과학관
'하향법과 하향법적인 실험, 상향법과 상향법적인 실험'

상향법적 논리와 상향법적 실험이 자연과학에도 사실상

존재하고 점점 더 중요성을 띠는 것은 제3장과 제6장에서 말한 대로다.

(2) 마르크스 논리의 발전에 의한 '기술관' 차이의 지양

다음은 문과와 이과의 '기술관' 차이의 지양에 대해서인데, 이를 위해 참조해야 할 것으로 마르크스의 '자연사적인 과정'에 대한 다음 문장을 들고 싶다.

여기서 모든 인격들이 문제가 되는 것은 그들이 경제적인 모든 범주의 인격이고 특정한 계급 관계나 이해 담당자라는 한계에서이다. 경제적 사회구성체를 하나의 <u>자연사적인 과정</u>으로 파악하는 입장은 다른 어떤 입장이든 개개인에게 모든 관계의 책임을 지게 할 수 없다. <u>개인은 주관적으로 모든 관계를 아무리 초월하려고 해도 사회적으로는 본디 모든 관계의 피조물이다.</u>(밑줄은 인용자, 상동, 16쪽)

이 문장에서 마르크스가 '주관적으로 모든 관계를 초월하는' 개인으로서 상정하고 있는 것은 직접적으로는 '경제적 범주의 인격화'인 자본가나 지주이지만, 문과적 기술관에서 기술을(오로지 비용 면에서) 주관적으로 선택하고 있다고 생각되는 '경영자'도 기본적으로 거기에 해당한다고 볼 수 있다. 그리고 그 경우의 기술은 분명 개인의 주체적인 선택의 결과로 볼 수 있겠으나, 사회적으로는 객관적인 계급적 관계 즉 '자본의 운동'의 일환으로 위치 지워지지 않으면 안 된다.

마르크스의 이 비판적인 논리는 '이해의 담당자'를 문제로 삼기 때문에 기술을 주로 비용 면에서 생각하는 경영자의 문과적 기술관에 해당할 것이다. '이해'를 중심 논리로 생각하지 않는 이과적 기술관에는 해당되지 않는 것처럼 보인다. 그러나 나는 이 마르크스의 논리를 발전시켜, '주관적으로 모든 관계들을 초월하고 있는' 개인이란 스스로의 발명을 개발 환경으로부터 '초월한' 불멸의 공적으로 생각하고 싶은 엔지니어에 해당되고, '계급적 관계들(인간과 인간의 관계)'을 '물질대사(인간과 자연의 관계)'로 대체하면, 이과적인 기술관에도 해당된다고 볼 수 있지 않을까 생각한다.

이것도 도식화해 보자.

문과적 기술관의 주체	이과적 기술관의 주체
비용 면에서 기술을 선택하는 경영자	기술을 불멸의 발명으로 파악하는 엔지니어
↓	↓
마르크스의 논리	마르크스 논리의 발전
↓	↓
사회의 계급적 관계의 피조물	사회의 물질대사의 피조물

이렇게 마르크스의 비판적 논리와 그 발전에 따르면, 기술을 만들어 육성한 인간(주체)을 '계급관계'나 '물질대사'의 '객체(피조물)'로 바꿀 수 있다는 것을 알 수 있다. 그리고 이렇게 주체가 객체화되면 주체(사람)가 행하는 '발명'이나 '선택' 같은 '활동'도 발명된 객체(사물)나 선택된 객체(사물)의 '생성'이나 '발전' 즉 '운동'으로 파악하는, 일관성이 유지되는 것 아닐까. 그리고 이 경우의 객체(사물)는 '기술을 체현한 객체적 존재'이므로 가장 일반적으로는 '제2의 자연'이 되고 기술 그 자체는 '제2의 자연의 운동'으로 다시 파악되는 것이다.

이상을 정리하여 아래처럼 도식화해 보자.

기술관

문과계	이과계
경영자에 의한 선택의 대상(역사적)	불멸의 공적으로서의 발명(초역사적)

문리융합시킨 기술관: 제2의 자연의 운동

2 | 이과로부터 문리융합의 시도

이과 논리를 문과에 도입하는 것의 어려움

이상 마르크스 논리의 발전에 의한 문리융합 시도를 정리해 보았다. 마르크스 논리는 인문사회과학 특히, 경제학으로부터 추출된 논리이기 때문에 이 문리융합의 시도는 기본적으로는 문과의 논리를 이과에 도입하는 데에 토대를 둔 시도이다. 생각해 보면 이 시도는 나 자신이 문과에 진학하고 스스로의 시험기술적인 이과 뇌에서 생기는 난독증의 극복을 목적으로 하는 과정에서 이루어진 것이므로 그렇게 되는 것은 당연하다.

그러나 이것은 일반적인 문리융합의 이미지와는 반대일지도 모른다. 일반적인 문리융합의 이미지는 수리적인 수법이나 물리학의 방법론을 인문사회과학에 적용하는 것이거나 아니면 유전자공학의 발전에 동반되는 윤리적인 대응, 정보통신기술의 발전이 낳는 신형 범죄에 대한 법률적인 대응 등을 말하는 것인데 주도권은 늘 이과의 것이었다.

여기에는 물론 이유가 있다. 역사적으로 가장 일찍 과학
으로 확립된 것은 수학과 물리학이고 또한 역사를 근본적으
로 규정하는 생산력은 산업혁명 이후 과학의 응용에 의해 크
게 좌우되었기 때문이다.

그러나 윤리학이나 법률학의 '대상'이 이과에 의해 확대
되었다 해도 '방법'에 영향을 주지 않는다면 그것을 문리융
합으로 인정하기 어렵다. 또한 물리학의 실험방법을 도입할
수 있는 인문사회과학 분야는 한정되어 있다. 실험경제학은
실험하는 것이 아니냐는 반론이 있을지 모르겠으나, 실험경
제학은 샘플로서의 개인을 실험대상으로 하는 것이고 사회
로서의 경제 그 자체를 실험대상으로 삼는 것은 아니다. 더
욱이 물리학에서 사용되는 수학적 방법도 기본적으로 '비'역
사적인 현상에만 사용되고 적용할 수 있는 인문사회과학 분
야는 한정되어 있다. 즉 일반적인 문리융합에 따른 시도는
바로 벽에 부딪힐 수밖에 없다.

'비'역사적 성격을 탈각해 가는 현대수학

즉 참된 의미에서의 '이과로부터의 문리융합'의 가능성
은 크게 확대되고 있다. 그것은 현대수학이 내재적인 발전의
결과로 '비'역사적인 성격을 탈각해 가기 때문이다. 제1장에

서 나는 고교생 때 현대수학을 '조급한 것'으로 느꼈다고 말했다. 하지만 그 조급함은, 수학이 '비'역사적인 성격을 벗어버리고 역사적 변화도 취급하면서 탄생한, 현대수학의 고통을 충분히 반영하지 못한 것이라고 지금의 나는 생각한다.

그러나 이 문제는 당연하면서도 지극히 난해하고 능력의 한계도 있어 본서에서는 충분히 논할 수 없다. 대신 내가 현대수학이 역사적 변화도 취급하게 되었다는 근거로 중시하고 있는 포인트를 세 가지만 살펴보자.

(1) 파이버 번들(Fiber Bundle) 이론(게이지 이론)*

게이지란 우선 자의 눈금이라고 생각하면 좋다. 예전 '경제학'에서는 '눈금'이라고 하면 메이지시대 화폐법에 있는 1엔=0.75g의 금이라는 규정을 떠올렸지만 금본위제가 붕괴한 지 오래된 오늘날에는 오히려 '단순노동'의 임금을 생각하는 것이 더 좋다고 생각한다. 그런데 단순노동의 핵심은 역사적으로 변화한다. 영국에서도 산업혁명 이전이라면 읽

---

* 파이버 번들 : 광섬유의 원리는 꽤 오래전부터 알려져 있었다. 1927년에는 다수의 파이버를 묶은 파이버 번들(파이버 옵틱스라고도 한다)을 이용해 광학상을 전송하는 아이디어가 나왔고, 50년대에 들어와 이것을 의료용으로서 인체 내부 관찰에 이용하게 되었다. 그러나 당시의 파이버는 빛의 전송 손실이 수천 dB/km로 지극히 컸다. 파이버 번들은 광섬유를 묶어 그 양 끝에 단말 금구를 달아 구성한다. 코어 면적이 커지므로, 빛을 대량으로 입사, 전송시키고 싶은 경우나, 약한 빛을 모으고 싶은 경우 등에 이용된다.

고 쓰는 능력은 복잡노동의 범주에 포함되었을 테지만 산업혁명 이후 의무교육이 보급되자 단순노동의 범주가 되었다. 승용차를 운전하는 능력도 제2차 세계대전 이전에는 복잡노동의 범주였을 테지만 전후 9할 가까이가 운전면허를 갖게된 이후부터는 단순노동으로 간주되었다.

이러한 '눈금'의 변화를 취급하는 물리학의 이론이 게이지 이론이고 그것을 지탱한 수학이 파이버 번들 이론이다.

(2) 르베그(Lebesgue) 적분론(불가역적 시간의 이론)*

'시간'은 흐르지만 '기간'은 흐르지 않는다. 따라서 시간은 '흐르는 쪽'을 문제 삼을 수 있으나 기간은 '흐르는 쪽'을 문제 삼을 수 없다. 예를 들어 거래소의 기업이 도산했다는 것은 '시간'이 흐르는 방향으로 보면 일대 사건이다. 그러나 3개월이라는 '기간'은 가차 없이 지나간다. 이리하여 그 기업이 발행한 약속어음은 부도가 되고 연쇄도산이 된다.

시간 흐름의 '불연속성'은 거래소의 기업이 도산하는 '전'과 '후'의 '매상'을 비교하면 명확해진다. 이 '매상'을 시간의 종속변수로 하면 종속변수로부터 독립변수로의 '역 규정'에 의해 독립변수인 시간이 거래소 기업의 도산 전후에서 '분할'되게 된다. 이러한 '종속변수로부터 독립변수로의 역

---

* 리만 적분은 적분 영역을 세로로 나누어 계산하지만, 르베그 적분은 가로로 나누어 계산한다.

규정'에 의해 독립변수가 '분할'되고 거기에 바탕을 두고 만들어진 장방형을 모아 행해지는 적분을, 발명자 이름을 따서 르베그 적분이라고 한다. 그것은 오늘날 '흐르는 시간' 즉 '불가역적인 시간'을 다루는 열역학과 통계역학에 불가결한 수학이 되었다.

(3) 토포스(topos) 이론(고도의 직관 논리)

사물은 A거나 비A 둘 중 하나이고 그 어느 쪽도 아닌 중간영역은 없다는 것이 '배중률'이다. 사회에서는 신체는 남성이지만 마음은 여성이라고 하는, 남자이면서도 남자가 아니며 어느 쪽이라고도 말하기 어려운 존재가 있다. 그러나 수학의 세계에서 배중률을 부정하는 것은 드물다. 배중률을 부정해 버리면 '비A를 가정하면 모순되는, 그래서 A는 참'이라는 '배리법'(背理法)이 사용되지 않기 때문이다.

그런데 소수파이긴 하지만 '존재증명에 한해서는 배중률을 인정해서는 안 된다'고 하는 수학의 흐름이 존재한다. 그것이 브라우어[Bouwer's fixed-point theorem, 부동점 정리(不動点定理)] 등이 주장한 직관주의다(덧붙여 다른 흐름으로 러셀로 대표되는 논리주의와 힐베르트로 대표되는 형식주의가 있다).

흥미로운 것은 이 직관주의의 고도(집합의 집합을 생각한 것)판이 전혀 다른 수학의 분야인 대수기하학의 혁신자 알렉산더 그로텐디크(Alexander Grothendieck)가 창시한 '토포스'와 같은 것으로 알려졌다는 것이다(이 점은 다케우치 가이시, 『층 권(層 圈), topos』, 니혼효론샤, 1978년 참조). 힐베르트가 20세기 전반을 대표하는 수학자라면 그로텐디크는 20세기 후반을 대표하는 수학자라 해도 과언이 아니다. 그러한 의미에서 토포스 개념은 그로텐디크가 창시한 틀과 나란히 현대수학의 가운데 축에 위치한다.

역사는 배중률의 부정으로 가득 차 있다. EU 이탈에 반대한 스코틀랜드는 영국이기도 하지만 영국이 아니다. 트럼프의 미국은 오바마의 미국과 같지만 같지 않다. 예전에 힐베르트의 위엄에 숨겨져 부수적인 역할만 한 것으로 간주되었던 직관주의는 그로텐디크에 의해 수학의 중심부로 부활했다. 이것을 현대수학이 역사에 접근하는 징후로 보는 것은 부자연스러운 일일까.

'비'역사적 수학을 적용할 수 있는 영역

앞에서 말한 (1)~(3)은 역사적 변화를 다루는 인문사회과학 분야에도 도입될 가능성이 높은 수학이다. 그런데 뉴턴 역학을 구성하는 미적분학, 즉 '비'역사적인 수학 그 자체로는 인문사회과학에 적용할 수 없는가, 라고 한다면 그렇지 않다. 인문사회과학에서도 역사적 변화를 '추상'하여 '정태'로서 혹은 동태라도 역사적 발전이 아니라 '구조'로서 대상을 파악하는 경우가 있기 때문이다.

　다만 그 '정태'나 '구조'는 역사적 변화와 '관념상' 분리시킬 수는 있어도 실질적으로는 분리할 수 없다는 것을 망각해서는 안 된다. 예를 들어 열역학적인 균형은 엔트로피의 증대라는 불가역적인 변화(이 경우 반복되지 않는 변화라고 말함으로써 '역사적 변화'로 간주한다)를 '토대에 두고 있어야' 균형인 것이다. 이른바 신고전파적인 일반균형이론은 역사적 변화를 불순물로 간주하고 불순물로서의 역사적 변화를 '토대에서 추방했기' 때문에 균형이 이루어질 수 있다고 생각해서는 안 된다.

　한편 오키시오 노부오(置塩信雄)*로 대표되는 수리적 마르크스 경제학의 '구조' 모델은 앞에서 말한 '게이지' 문제를 명확하게 하고 있지 않기 때문에 역사적 변화로서의 생산력의 변화를 파악하지 못하고 있다.

　거꾸로 말하면 역사적 변화를 '토대에서 추방하는' 것이 아니라 오히려 '토대에 두고' 있으면서 '당장 변화하지 않는 구조'로서 추상된 법칙에 대해서라면 '비'역사적 수학도 적

---

*　오키시오 노부오의 정리 또는 오키시오 정리. 1961년에 발표된 논문 「Technical Change and the Rate of Profit」에서 제시되었다. 이 정리는 현행 가격하에서 비용을 삭감하는 이노베이션(innovation)의 결과, 새롭게 성립하는 균등이윤율은 이전보다 저하될 수 없음을 나타낸 것으로, 마르크스 경제학의 주요 명제인 '이윤율의 경향적 저하의 법칙'을 부정하고 있어서 국제적인 논쟁을 불렀다.

용할 수 있다. 『자본론』 제1권 제23장에서 전개되는 자본주의적 축적의 일반적 법칙이 그와 같은 '비'역사적인 수학이 적용될 수 있는 영역이다.

3 | 자본축적론에 2차 미분 도입

1차 미분으로는 결정할 수 없는 과잉인구의 동향

제2장에서 이야기했듯이 마르크스는 미분에 강한 관심을 갖고 있었지만 미분의 역조작이 적분이라는 것과 2차 미분이 혹성의 타원궤도 분석에 있어서 얼마나 중요한지 충분하게 이해하지 못했다. 그래서 『자본론』의 자본축적론에서 과잉인구 창출의 결정적인 부분을 제대로 설명하지 못했다. 이렇게 말하는 것은 1차 미분만으로 과잉인구로 '배출'되는 힘이 최종적으로 승리하여 사회의 과잉인구가 증가하는지, 아니면 거꾸로 과잉인구가 '흡수'되는 힘이 최종적으로 승리하여 사회의 과잉인구가 감소하는지, 그 어느 쪽도 말하지 못했기 때문이다.

이는 오랫동안 마르크스 비판자가 좋아하는 공격의 소재가 되었다. 이 과잉인구 창출을 부정할 수 있으면 빈곤화 법칙을 부정할 수 있게 되고 빈곤화 법칙을 부정할 수 있으면 마르크스가 말하는 혁명의 필연성도 부정할 수 있다고 생각했기 때문이다. 마르크스를 비판하는 측의 마르크스 논리를 파악하는 방식은 사실 마르크스 해석으로서는 올바르다. 『자본론』 제1권 제23장 제4절에 '상대적 과잉인구의 여러 가지 실존형태. 자본주의적 축적의 일반적 법칙'이라는 부분이 있듯이 과잉인구 창출의 메커니즘은 『자본론』에서 빈곤화 법칙(마르크스 자신은 '빈곤화 법칙'이 아니라 '자본주의적 축적의 일반적 법칙'이라고 이야기하고 있지만)의 직접적인 원인으로 위치 지워져 있기 때문이다.

그런데 혁명의 필연성을 부정해서는 곤란하다고 생각한 마르크스 옹호자 다수는 거꾸로 마르크스를 비틀어 과잉인구 창출과 빈곤화 법칙을 분리시키려고 했다. 그것은 마르크스 연구에 있어서도 마르크스 옹호자에게도 불행한 일이었다.

여기서 나는 과잉인구 창출이 성립한다는 것을 2차 미분을 도입함으로써 제시하고 싶다. 그 전에 먼저 1차 미분만으로는 사회 전체의 과잉인구 동향을 결정할 수 없다는 것을 확인해 두자.

자본축적이 노동수요를 증대시키는 측면

마르크스는 새로운 시장, 새로운 투자영역의 개척 같은, 치부(致富)운동의 특별한 자극하에서는 …… 자본의 축적 욕

구가 노동력 또는 노동자 수의 증가를 능가하고 <u>노동자의 수</u>
<u>요가 그 공급을 능가하며</u> 그 때문에 임금이 등귀하는 일이
있을 수 있다(밑줄은 인용자, 『자본론』 제1권, 디츠판, 641쪽)고
말한다. 이 자본축적이 증대시키는 노동수요를 ΔL^+라고 하
자. 이때 ΔL^+는 0보다 크다.

자본축적이 노동수요를 감소시키는 측면

마르크스는 노동 <u>생산성의 발전</u>이 <u>축적</u>의 가장 강력한
지렛대가 된다(밑줄은 인용자, 650쪽)고 하고, 처음엔 50%가
생산수단에, 50%가 노동력에 투하되었기 때문에 나중에는
노동력 생산성의 발전 정도에 따라 80%가 생산수단에 20%
가 노동력에 투하된다(651쪽)고 이야기한다.
이 자본축적이 감소시키는 노동수요를 ΔL^-라고 하자.
이때 ΔL^-는 0보다 작다.

자본축적이 노동수요에 주는 최종적인 효과

그렇다면 자본축적은 노동수요를 최종적으로 증가시키
는가 아니면 감소시키는가? 실은 이것만으로는 어느 쪽이라
고 말할 수 없다.
마르크스는 축적의 진행이 가변자본 부분의 상대적 크기

를 감소시킨다고 해도, 가변자본 부분의 <u>절대적 크기 증가를</u>
<u>배제하는 것은 결코 아니다</u>(밑줄은 인용자, 상동, 652쪽)라고 말
한다.

즉, $\Delta L^+ + \Delta L^- \geq 0$ 또는 $\Delta L^+ + \Delta L^- \leq 0$ 에서 그 어느 쪽도
결정되지 않는다는 것이다.

2차 미분의 도입

그러나 마르크스는 다음과 같이 '가속요인'을 들어 문제
해결의 '열쇠'를 사실상 부여하고 있다.

축적의 진행 중에 형성되는 추가자본은 그 크기에 비해 <u>점점 더 소</u>
<u>수</u>의 노동자를 흡인한다. 다른 편에서는 새로운 구성에서 주기적
으로 재생산되는 구자본이 일하고 있던 노동자를 <u>점점 더 많이</u> 쫓
아낸다.(657쪽)

마르크스에 의하면,

추가자본은 '주로 새로운 발명과 발견의 이용을 위한 매개물 역할
을 하기' 때문에 평균 이상으로 유기적 구성이 높고 노동자의 흡인
력은 작다. 또한 구자본은 개량된 기술로 생겨나 변하고, …… 거

기서부터 필연적으로 생겨나는 노동수요의 절대적 감소는, ……
자본의 집중운동에 의해 …… 심해지게 된다.(밑줄은 인용자, 상동)

이러한 것들의 결과는 2차 미분에 의해,

$$\Delta\Delta L^+<0, \ \Delta\Delta L^-<0$$

처럼 표시된다.

따라서 2차 미분의 차원이라면,

$$\Delta\Delta L^+ + \Delta\Delta L^- < 0$$

이 되어, 양수 음수를 결정할 수 있다. 자본 K를 독립변수로
해서, 미분방정식을 만들면,

$$d^2 L/dK^2 = -C(C>0)$$

이 되고 이것을 적분하면,

$$L = -\frac{c}{2}K^2 + C'K + C''$$

이 된다. 이것은 위가 볼록한 포물선이다.

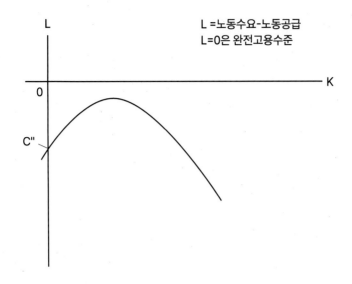

L =노동수요-노동공급
L=0은 완전고용수준

  앞의 함수는 자본축적에 의해 단기적으로는 과잉인구가
감소하지만 중·장기적으로는 과잉인구 증대를 피할 수 없다
는 것을 나타낸다.

4 │ 빈곤화 법칙과 중간층 문제

인구법칙의 직접적인 귀결인 빈곤화 법칙

마르크스에게 빈곤화 법칙(마르크스 자신의 표현으로는 자본주의적 축적의 일반적 법칙)은 자본축적이 상대적 과잉인구의 창출을 동반하는 자본주의적 인구법칙의 직접적인 귀결이다. 마르크스는 다음과 같이 말한다.

사회의 부, 기능자본, …… 따라서 또한 프롤레타리아트의 절대적 크기, …… 가 커지면 커질수록 그것만으로 산업예비군이 커진다. …… 이 예비군이 현역 노동자와 비례해 커지면 커질수록 고정적 과잉인구, 즉 그들의 고된 노동이 없어지는 것에 반비례하여 그것만으로 빈곤이 증대되는 노동자층들이 대량으로 나타난다. …… 이것이야말로 자본주의적 축적의 절대적이고도 일반적인 법칙이다.(밑줄은 인용자, 『자본론』 제1권, 디츠판, 674쪽)

이것을 바탕으로 다음과 같은 도식을 그릴 수 있지 않을까.

'부'=기능자본	부의 축적= (기능) 자본의 축적
'빈곤'=고정적 과잉인구	빈곤의 축적= (고정적) 과잉인구의 축적

중간층의 증대와 빈곤화 법칙

그런데 잘 알려져 있는 것처럼 이러한 마르크스의 빈곤화 법칙에 대해서는 19세기 말부터 특히 선진국에서 현저해진 중간층 증가 경향에 의해 의문이 제기되었다. 자본축적은 마르크스가 주장한 것처럼 부와 빈곤의 양극화를 가져오는 것이 아니라 오히려 중간층의 비대화를 가져오고, 마르크스가 틀렸다는 것이다.

나는 레닌의 『제국주의론』의 최대 약점은 (노동 귀족론에서 약간 다루어지긴 했지만) 이 중간층 문제에 정면으로 대답하지 않았다는 것이라고 생각한다. 레닌의 사상이 식민지, 반식민지 민족해방운동에 결정적인 영향을 주었음에도 불구하고 선진국의 혁명운동에 제한적인 영향밖에 주지 못했던 것은 그 때문이 아닐까.

또한, 우노 고조는 '19세기 말 이후의 자본주의는 한편에서는 고도의 자본주의 발전을 보이면서 다른 한편으로는 자본가적 경영이라고 할 수 없는 중소기업을 잔존시킴과 동시에 자본가적 경영자 사이에도 독점적 조직이 형성되었지만, 그렇지 않은 것도 만들었고, 순수한 자본주의사회로 근접하는 경향은 현저하게 저해되었다'면서, '경제학은 원리를 확립하는 것이 점점 더 곤란해지게 되었다'(우노 고조, 『경제학 방법론』, 도쿄대출판회, 1962, 27쪽)고 말했다.

우노의 주장은 한마디로 말하면 제국주의 단계에서는 원리가 성립할 수 없다는 것인데, 정말 그렇게 볼 수 있는 걸까.

중간층 증대와 모순되지 않는 빈곤화 법칙의 해석

이에 대해서는 이하 나의 가설을 제시하고 비판을 받고 싶다. 나는 빈곤화 법칙을 신중간층이 부 쪽으로, 구중간층이 빈곤 쪽으로 나누어지는 것이라고 생각하는바, 이 법칙은 제국주의 단계 이후에도 모습만 바꾸어 관철된다고 생각한다.

(1) 기능자본의 '인격적' 부분으로서의 신중간층

마르크스 시대에 자본의 '인격화'로서 자본'가'가 행하던 상거래를 위한 협의나 상담은 제국주의 단계 이후에는 거의 영업부문의 화이트칼라가 하게 되었다. 마찬가지로 자본가가 행하던 은행과의 교섭은 경리부문의 화이트칼라가, 승진이나 급여 결정은 인사부문의 화이트칼라가 거의 다 하게 된다.

마르크스는 이것을, 현실에서 기능하고 있는 자본가의, 타인의 자본의 단순한 관리인, 지배인으로의 전화(『자본론』 제3권, 디츠판, 452쪽)라고 하고, 기능이 관리인의 인격의 자본 소유로부터 분리된다(밑줄은 인용자, 452쪽)라고 말하고 있다.

화이트칼라는 고용되어 있는 이상 가변자본으로서 기능자본의 일부를 이루기 때문에 기능자본의 '인격적' 부분으로 위치를 지울 수 있다. 그렇다면 부의 증대, 즉 기능자본의 증대는 기능자본의 '인격적' 부분으로서의 신중간층의 확대를 동반하는 것이고, 그 한에서 빈곤화 법칙과 중간층의 증대는 모순되지 않는다.

(2) 고정적 과잉'자본가', 고정적 과잉'지주'로서의 신중간층

마르크스가 말하는 고정적 과잉인구는 사실상 만성적으로 임금을 얻지 못하는 노동자계급을 의미한다. 이 개념을 다음과 같이 확장할 수 없을까.

마르크스의 고정적 과잉'인구'의 확장

고정적 과잉'노동자' — 만성적으로 '임금'을 받지 못하는 노동자

고정적 과잉'자본가'(중소기업 경영자) — 만성적으로 '이윤'을 얻지 못하는 자본가

고정적 과잉'지주'(영세농민) — 만성적으로 '지대'를 얻지 못하는 토지소유자

이렇게 고정적 과잉인구 개념을 확장함으로써 제국주의 단계의 자본축적의 이면에서 전개되는 '빈곤'의 내용을 확장하면, 구중간층의 증대는 빈곤의 증대를 의미하고 그 한에서 역시 빈곤화 법칙과 중간층의 증대는 모순되지 않는다.

이상의 가설이 올바르다면 자본주의가 자본주의인 한 자본주의의 '법칙'은 자유주의 단계와 생산력 기반이 크게 다른 제국주의 단계에서도 확인될 것이다. 그리고 이 사실은 좌표축이 변해도 물리'법칙'은 불변한다는, 상대성이론 이후의 현대물리학의 원리와도 부합하는 것이다. '기저가 변환해도 법칙은 변하지 않는다'는 원리는 문이과 모두 공유해야 할 진리라고 나는 생각한다.

저자 후기

　이 책을 읽은 많은 사람들이 눈치챘을 수도 있지만 내가 이 책에서 주장하고 있는 것은 본래 근거를 쌓아 올린 후에 학술논문 형태로 발표해야 하는 것이다. 하지만 나에게는 그렇게 할 시간도 능력도 자신감도 없었다. 환갑이 지날 때까지 이러한 과학방법론에 관한 문제를 글로 쓰려고 하지 않았으나 수년 전 왼쪽 눈 밑 출혈로 실명 위기에 이르자 나는 생각을 바꾸게 되었다.

　확실히 논증할 수 있다면야 가장 좋겠지만, 페르마 정리나 리먼 가설이 증명되지 않았음에도 불구하고 (페르마 정리는 20세기 말에 증명되었고, 그 이전에는 증명되지 않았다) 수학에 큰 공헌을 했듯, 자신이 아무리 생각해도 옳다고밖에 생각되지 않는 것은 충분히 논증하지 못한다 하더라도, 급하게 나서서 옳다고 주장하는 것이 아닌 이상, 아무것도 쓰지 않고, 아무것도 남기지 않는 것보다는 의미가 있지 않을까 생각하게 되었다.

그러던 어느 날 겐토샤 르네상스신샤의 가토 치에(加藤千繪) 씨로부터 제안을 받았다. 타이밍이 좋았는지 아니면 뭔가 인연이 있었는지 모르겠지만 여하튼 나는 제안을 수락했다. 과연 이런 책을 읽을 사람이 있을까 하며 회의에 차 집필을 멈춘 적도 있다. 가토 씨로부터 '아주 흥미롭다', '읽을 만한 책', '아주 읽기 쉽다'고 하는, 영광스러운 말에 용기를 얻지 않았더라면 이 책은 쓰이지 않았을지도 모른다. 가토 씨에게 감사의 말을 전하고 싶다.

마지막으로 제1장에서 말한 '카메라 사건' 이후 나와 아버지의 관계는 그리 원만하지 않았다. 그러니 외과의로서 초인적일 만큼 바쁜 업무에도 불구하고 몸과 마음을 다해 어색한 부자관계를 회복시키려고 노력해준 아내, 다카코(卓子)에게 이 책을 바치고 싶다.

역자 후기

　융합, 통섭 등의 이야기가 나온 지 상당한 시간이 흘렀다. 그러나 실제로 겉으로만 융합 통섭이고 내용적으로는 여전히 문과, 이과의 벽이 두텁다. 일본의 한 마르크스주의 경제학자가, 시를 쓰고 인문학만 알 뿐, 난독증에 기술치였던 시절을 지나 통계학을 알고 경제학에 입문하면서 기술치를 극복한 사례, 그것도 경제학자의 어린 시절이 어떤 식으로 변화해 왔는지 살펴봄으로써, 문이과의 구분은 애초부터 아무런 의미가 없었다는 사실을 보여주고자 이 책을 번역했다.

　전형적인 문과 학생이었던 저자 도이 히데오. 그가 자연과학자인 뉴턴을 만나고 사회과학자인 마르크스를 만나 경제학을 전공하게 되기까지의 인생 궤적을 지나다 보면 문과/이과의 분리가 상당히 인위적이었다는 사실을 알게 된다. 문사철(文史哲)이 사라지고 경제학이 부동산학과로 변질되며 의대, 약대, 법대에 올인하는 국내의 대학 풍경을 생각하면 도이 히데오 교수의 인생은 상당히 낯선 궤적으로 느껴진다.

대학원에 학문의 씨가 말라버린 풍경을 생각하면 더더욱 그렇다. 덧붙여 국내의 마르크스주의 경제학자 중 마르크스주의 경제학에 통계학을 원용하는 학자는 과문하지만 정성진 교수가 꼽힌다.

당신의 스승은 누구인가? 이제껏 살면서 진짜 스승을 만난 적이 있는가. 훌륭한 스승을 만나는 것이 로또만큼 기쁘다는 말이 있다. 역자의 경험담이지만 역자는 인생을 살다가 우연히 스승 같은 선배, 스승 같은 교수를 만난 적이 있다. 같이 오랫동안 공부도 하고 번역 일도 했다. 우연히 광화문 육교 위에서 만난 반성완 교수가 역자에게 러시아문학 전공이니, 문학이든 러시아혁명이든 러시아에 관한 책을 써보라고 조언해주신 기억이 지금도 선명하다. 역자에게 스승은 대학 안에 없었다. 과가 아닌 대학 안의 동아리나 대학 바깥에 있었다. 여하간 로또든 스승이든 둘 다 흔하게 생기는 일은 아니지만 인류 역사에서 훌륭한 스승은 별만큼은 아니지만 차고 넘친다.

이 책의 저자는 지독한 언어치이자 기계치였지만 뉴턴과 마르크스라는 두 스승을 만나 융합이니 통섭이니 하는 말이 무색할 정도로 융합 그 자체의 삶을 살았다. 이 책은 문이과가 하나가 된 그의 학문 궤적을 추적한다. 인간은 어학에는 젬병이고 수학에는 천재끼가 도는, 혹은 그것이 뒤집힌 두

부류로 나누어질 수 있을까. 그것도 무 자르듯이 둘로 쪼개질 수 있는 것일까. 좌뇌와 우뇌는 뇌량으로 연결되어 있고 사용하지 않아 딱딱해진 뇌의 어느 쪽을 더 두들기는가에 따라 시냅스가 더 생겨나는 것일 뿐이다.

이파리나 꽃이 다 떨어진 앙상한 겨울나무는 가지밖에 없지만 봄이 오고 여름으로 가면서 가지마다 봉오리가 움트고 잎이 풍성한 여름나무로 변한다. 역자는 그 이파리 무성한 여름나무를 보고 있으면 뇌 속에서 무수하게 서로 연결된 뉴런들이 연상된다. 천억 개의 뉴런들이 뇌 안에서 이미 연결되고 접속하고 있는 상황에서 문과 이과의 구분은 애시당초 무의미한 것이다. 문과라는 뉴런과 이과라는 뉴런은 연결되어 있다.

더구나 우리가 사는 현대사회는 외눈은 말할 것도 없고 두 눈으로도 이해하고 해석하기 어렵고 복잡한 세상이다. 온 세상 360도를 한 번에 보는 헬멧 눈을 가진 잠자리(dragonfly)를 보자. 잠자리는 세상에서 가장 놀라운 2개의 겹눈(compound eye)을 가지고 있다. 그리고 이 겹눈은 3만 개의 낱눈(ommatidium)으로 구성되어 있다. 거기다가 두 개의 겹눈 뒤쪽에는 세 개의 작은 홑눈(ocelli)들이 있다. 그러다 보니 움직임에 극도로 민감한 잠자리는 제아무리 살금살금 다가가 손가락을 뻗어도 이내 도망가 버리고 만다.

인간은 잠자리에 비해 한 번에 170도밖에 보지 못한다. 복눈을 가진 잠자리는 세상에 쉽게 걸려들지 않는다. 세상을 360도 돌아보기에 잠자리는 융합을 넘어 이미 3만 개의 복수의 눈들을 가지고 세상을 살아간다. 그런데 우리 인간은 어떤가. 문과의 눈과 이과의 두 눈으로, 이과라는 외눈과 문과라는 외눈으로 과연 세상을 살아가고 세상에 대응할 수 있을까. 저자 도이 히데오는 인생을 살면서 뉴턴과 마르크스라는 두 스승을 만나면서 복눈을 찾게 된다. 나에게는 눈이 몇 개 있을까. 물론 인간에게는 조르주 바타유가 '제3의 눈'이라고 명명한 솔방울샘까지 포함해 세 개의 눈이 있지만 송과선은 뇌 안에 틀어박혀 있어서 제 기능을 하지 못하는 통에 두 개의 눈만 있는 셈이다. 세상의 변화를 감지하고 이해하는 데에는 두 눈만으로는 턱없이 부족하다. 이 책은 그 복눈, 복안(複眼)을 찾아 나서게 된 학문 여행서라고 할 수 있다.

중학교 2학년 여름 갑자기 전형적인 문과 인간에서 이과 인간으로 바뀐 저자. 그날부터 문/리의 골을 메우기 위해 분투하는 날들이 시작됐다. 그런 그에게 인도의 끈을 내밀어 준 것은 두 명의 스승, 뉴턴과 마르크스였다.

이 책 마지막 부분에서는 수리학(數理學) 이야기가 나와 당혹스러울 수 있으나 이 책에서 중요한 것은 마르크스의 이론이 아니다. 저자에게 문과와 이과를 이어준 두 명의 스승이 뉴턴과 마르크스였을 뿐 그 스승들을 통해 자신의 단점을 극복해 나간 저자의 역정이 중요하다. 책을 읽으면 접하게 되는 일본의 역사와 문화, 사상사에 대한 정보는 이 저서가 덤으로 주는 선물이다.

좀 더 확실하게 말하자면, 이 책은 다음과 같은 학생들이 읽어야 한다.

- 문과 전공과 이과 전공의 사이에서 고민하는 학생
- 역사의 재미를 알고 싶은 이과 출신자
- 과학에 강해지고 싶은 문과 출신자
- '문과'와 '이과' 사이에서 흔들리는 모든 사람

두 세계의 상극(相剋)을 고민하던 저자가 독자들에게 선사하는 책, 복안사고(複眼思考)의 힌트가 담긴 한 권의 책이 바로 『뉴턴과 마르크스-문과 이과의 융합을 위한 제언』이다.